INTRODUCTION.

L'*ouvrage* anonyme que nous publions, a été trouvé à la bastille. Il tombera peut-être dans les mains des personnes intéressées : elles verront que rien n'est inconnu, & si elles sont incorrigibles, l'Europe justifiera la nation qui s'affranchit d'une aussi dangereuse influence. Les choses incroyables que l'on va lire ne sont pas inventées à plaisir ; fussent-elles un peu exagérées, au moins le fond est-il vrai. Or, ne faudroit-il pas qu'un peuple entier fût frappé de démence pour se laisser balotter par les personnages qui vont paroître sur la scène ? L'obéissance n'est pas l'imbécillité, on veut être guidé dans le sentier du vrai ; mais non être traîné dans le précipice.

Le libelle est l'ouvrage qui diffame, qui calomnie, qui outrage, qui flétrit ; mais l'ouvrage qui raconte, qui prémunit, qui conduit à la façon d'échapper à la tyrannie, n'est rien moins qu'un libelle. Une nation entiere, sans ~~aucune~~ exception quelconque, se plaint d'une femme qui n'est rien par elle-même, mais qui est tout par ses conseils. Cette nation se permet les discours les plus libres & les vœux les plus terribles, elle doit publier les raisons qui l'ont conduite à cette apparente sévérité : c'est pourquoi elle s'acharne à affoiblir le crédit d'une princesse qui lui a fait tant de mal & qui lui en destinoit davantage.

Le mémoire de madame de Lamotte a manqué son

effet , parce qu'il y avoit trop de ménagemens , parce qu'on y rencontre plusieurs anacronismes , parce qu'il partoit d'une source impure. On l'a donné au roi lui-même comme un amas de calomnies forgées à plaisir. Cela étoit plus adroit que ne l'ont été les fabricateurs du mémoire. Au lieu de faire un factum d'avocat, il fallcit écrire une histoire d'elle, coucher les faits par date, & citer par leurs noms les agens subalternes ou les témoins oculaires. Cependant ce mémoire, tout mal organisé qu'il est, n'a pas laissé que de faire une vigoureuse sensation. Il a éclairci à jamais l'affaire du collier, & fixé pour l'éternité l'opinion du sage sur l'auteur de cette révoltante affaire.

Les Essais que nous donnons aujourd'hui doivent porter le repentir & les remords dans l'ame d'une femme coupable. Elle doit chercher sous la cendre & le cilice l'oubli des humains. Elle doit une grande victime à la nation, & cette victime volontaire sera elle-même qui se précipitera dans les ténébreuses horreurs d'un cloître. Quand un fléau désoloit autrefois une contrée, les dieux demandoient par la bouche des oracles une illustre victime : la voix du peuple est bien plus sûre que celle des oracles. Le fléau est bien plus terrible, plus universel, plus long que celui qui désola Thèbes ; nous ne voulons pas de sang ; mais la cessation des maux & une retraite devenue nécessaire.

En vain on nous promettroit un avenir plus tranquille, il est des ames avec lesquelles on ne compose pas. Elles ne peuvent pas répondre de leurs volontés, comment pourroit-on s'y fier ? On assure que les Polignacs font

éloignés : ils étoient les plus avides, & non les plus
pervers. Disgraciés depuis long-temps, un reste de faveur les déroboit moins à la proscription que la honte
de défaire son ouvrage : ce que la reine se doit à elle-
même, c'est d'éloigner cet abbé corrupteur qui lui a souf-
flé la haine d'un peuple qu'il déshonoreroit en en fai-
sant partie, si un peuple pouvoit être déshonoré. Cet
abbé est ce Vermont, commerçant les graces, vil ministre des plaisirs, & diffamateur impur de tout ce qui
approcheroit cette princesse pour la rappeller à la vertu :
c'est d'éloigner ce Breteuil, vendu à une maison étran-
gere, scélérat déterminé, menteur impudent, libertin
effronté, cachant un affreux caractere sous les dehors
d'un homme exercé aux affaires, n'ayant ni plans, ni
intentions, ni vertu, ni caractere, ni moyens : Breteuil est non-seulement tout ce qu'il y a de plus vicieux ; mais il est toujours prêt à agir, parce qu'aveu-
glément vendu à une princesse haineuse, il croit sacri-
fier à la reconnoissance, tandis qu'il ne cultive que son
intérêt.

C'est de faire un salutaire divorce avec les hommes.
Quand la galanterie n'est pas soutenue par l'ivresse
de la volupté, elle fait jouer aux femmes le rôle le
plus pénible. Ils vont toujours comparant, & ont la
barbarie de rapprocher l'éclat de la jeunesse, de l'em-
bonpoint, de la maturité. Et plus ils ont besoin des
charmes qui ressuscitent leurs sens, plus ils devien-
nent indifférens pour la beauté que l'âge & l'usage ont
altérée.

On a voulu racheter à tout prix un manuscrit in-

titulé : le Paſſe-temps d'Antoinette. *Il eſt vraiſemblable que c'eſt ce que nous donnons ſous un titre nouveau. L'auteur, extrêmement négligé, ne manque ni de ſtyle, ni de chaleur ; mais il fait déſirer plus de méthode, plus de trait, plus de nerf. Il eſt des portraits qu'il faut nuancer d'une maniere ſi expreſſive, qu'on ne les oublie jamais : & c'eſt ce que l'auteur des Eſſais n'a pas fait. Mais il a ſu beaucoup d'anecdotes & fourni des matériaux à l'imagination des lecteurs qui traceront d'eux mêmes le portrait qu'il n'a fait qu'eſquiſſer. Cela n'eſt pas difficile, puiſque chacun peut ajouter à ce qu'il va lire, ce qu'il ſait : &, qui ne ſait pas quelques traits ?*

ESSAIS HISTORIQUES

SUR

LA VIE

DE

MARIE - ANTOINETTE D'AUTRICHE,

REINE DE FRANCE,

POUR SERVIR A L'HISTOIRE DE CETTE PRINCESSE.

Dùm vitant stulti vitia, in contraria currunt.
Horat. Sal. 2.

Il n'y a rien de plus intéressant pour l'histoire, que les faits des héros & des héroïnes dans tous les genres ; ils furent toujours accueillis & regardés comme le véritable aliment des connoissances utiles, chacun a ses vertus & ses vices, & chacun est héros dans sa partie : le plus grand scélérat marche à côté du plus grand homme ; de même que la femme qui a le plus de mœurs & de conduite est souvent confondue avec la plus licencieuse & la plus débauchée. Le masque sous lequel chacun s'enveloppe entraîne souvent l'illufion , & détermine les réputations. Le public appelle le héros fcélérat, & le fcélérat héros; vertueufe la catin , la tribade , & catin la vertueufe.

Tels furent de nos jours le roi de Pruffe & Mandrin. Héros chacun dans leur partie, ils étonnerent l'univers par leur génie, leur conduite, leur bravoure & leurs fuccès: il eft vrai qu'ils n'eurent pas la même fin. Telles furent la comteffe Dubarry & Marie-Antoinette (1). La premiere étonna l'univers, les ruelles & les carrefours de Paris par fa crapuleufe & dégoûtante débauche; la publicité qu'elle y mit n'eut d'autres bornes que celles des chofes poffibles. Même débauche dans Marie-Antoinette , même effervefcence de paffions ; hommes , femmes, tout eft à fon gré , tout lui convient, & fa maladreffe , ainfi que fes étourderies donnent involontairement à fa conduite la publicité que la premiere cherchoit par état. Ces deux femmes célebres fe reffemblerent encore dans l'art de tromper & d'avilir celui qu'elles devoient faire refpeĉter. Louis XV fut, jufqu'à fa mort, la dupe la plus complette de la Dubarry , qui , fans aucuns égards, faifoit partager fa couche avec le premier valet, comme avec le premier des courtifans. Louis XVI eft également trompé & avili par fa femme, fans avoir l'air d'imaginer feulement que cela puiffe être,

C'eft de cette célebre princeffe dont nous voulons parler ; elle entre dans la carriere avec tant de moyens, que l'on peut affurer qu'elle y jouera un rôle brillant , & que fon nom pourra dignement oceuper une place à côté des Médicis , des Marguerite de Valois & de plufieurs autres reines & princeffes dont l'hiftoire nous a confervé des anecdotes auffi curieufes que rares.

Marie-Thérefe , mere de notre héroïne , cette femme rare , & au-deffus des éloges , comme elle étoit autrefois au-deffus des préjugés , avoit le grand art de cacher fes défauts & fon inconduite fous les dehors du génie, de la vertu , & de la plus grande énergie. Sa marche , dans tous les événements de fa vie , fut telle qu'il fallut toujours placer une grande action à côté de ce que fon tempérament lui faifoit faire de blâmable. Cette grande reine partagea fes vices à fes trois filles , mais ne leur laiffa rien de fes vertus. Nous allons connoître la reine de France. Celle de Naples eft d'une nullité dont il y a peu d'exemples. La troifieme qui a époufé le Duc de Saxe-Techen , porta dans le lit nuptial , & à côté du plus robufte allemand des cercles , des preuves non-équivoques de fon incontinence ; elle ne dut même ce mariage qu'à cette fâcheufe circonftance.

Marie-Antoinette arriva en France en 1768 , pour y confommer le mariage le plus extraordinaire qu'il foit poffible d'imaginer. Il n'eft pas hors de propos de faire ici le tableau de la fituation de la cour dans ce moment ; il donnera l'idée des caufes de ce ma-riage & de fes fuites ; il juftifiera peut-être en quel-que forte les déréglemens que nous allons faire con-noître.

Le duc de Choifeul , digne émule des Richelieu

& des Mazarin (2) , étoit, en quelque forte, premier miniſtre, par l'aſcendant qu'il avoit pris ſur
Louis XV, le plus foible des hommes, & qui étoit
devenu le plus mépriſable des princes de ſon ſiecle.
Ce duc, auſſi intrigant qu'audacieux, avoit payé
cette faveur par une ſoumiſſion, une obéiſſance fer-
vile, & par l'accompliſſement du crime le plus affreux qui ait été imaginé en politique. Quelqu'aſſuré
qu'il fût de la durée de ſon crédit & de ſon autorité, il craignit les intrigues d'une maîtreſſe qu'il
avoit mépriſée, & même inſultée publiquement : en
cela il manqua de politique. La Dubarry cabaloit ;
ſon parti étoit puiſſant : le duc avoit des ennemis,
il avoit fait des réformes ; il étoit depuis long-temps
en place, à la cour on aime les changemens : enfin
il craignit une chûte prochaine. Il étoit naturel qu'il
cherchât à s'appuyer d'une protection majeure ; il
crut le faire en projettant, & exécutant le mariage
de la jolie archiducheſſe avec le dauphin. Quand la
France n'auroit d'autre reproche à lui faire que celui d'une pareille alliance, cette époque ſuffiroit
pour l'avoir à jamais rendu odieux à la nation.

La Dubarry, cette courtiſanne ſi décriée par ſa
crapule & ſes débauches, occupoit le trône des Bour-
bon ; des bras des laquais, des coureurs, des ſa-
voyards, elle étoit montée, au premier échelon, dans
ceux du comte Dubarry, l'homme le plus mépriſé &
le plus mépriſable, & delà dans ceux du roi. Créature indigne de vivre, qui aſſerviſſoit Louis ſous le
poids des ordures, des infamies, des injuſtices, de

l'aviliffement, & avoit fini par en faire un vrai Sar-
danapale. C'étoit ce rebut du genre humain, qui aidée
de quelques courtifans auffi méprifables qu'elle, des
Richelieu, des Fronfac, des d'Aiguillon, des Ville-
roi, des Maupeou, & de tant d'autres dont les noms
font bien faits pour falir ma plume; c'étoit, dis-je,
elle qui tenoit en main les rênes de la monarchie fran-
çoife. Voilà la faction qui renverfa, dans un inftant de
débauche, le coloffe d'autorité que le duc de Choifeul avoit bâti fur fa tête, & auquel il avoit adoffé
la ducheffe de Grammont, fa fœur. Moderne Médicis, méritant à jufte titre qu'on lui attribuât ce que
difoit un grand poëte de cette princeffe, *qu'elle pof-
fédoit tous les vices de fon fexe, & pas une de fes
vertus*, cette femme intrigante & hautaine, habituée
à exercer la domination la plus dure fur tous ceux
qui environnoient fon char & celui de fon frere,
que l'on pouvoit appeller leur lit commun, voulut
l'étendre jufque fur Marie-Antoinette. Déjà celui qui
avoit fait périr le pere, avoit jugé, à la foibleffe du
fils, combien il feroit aifé de s'emparer de fon efprit : c'en étoit fait, ce prince étoit fous le joug,
& la France alloit être en proie à l'orgueil & à
l'ambition de ces deux perfonnages. La Dubarry chaffa
de la cour cette race infernale; la pucelle d'Orléans
fauva la France; la nation eut à la Dubarry la même
obligation. Il s'en faut bien que l'une & l'autre aient
eu les mêmes motifs & la même conduite !

Si le duc de Choifeul avoit fu gouverner le trop
foible Louis XV, au moins cet empire n'aviliffoit

pas abfolument le monarque ; mais perfonne dans l'univers ne lui pardonna l'excès de fon attachement
pour la Dubarry ; on ne pardonna pas davantage aux
courtifans que je viens de nommer la cour baffe &
rampante qu'ils faifoient journellement à cette catin, malgré qu'elle les traitât fans ceffe de la maniere la plus outrageante. Ce que l'on aura peine à
croire, c'eft qu'à la cour de France, il fe foit trouvé
des femmes affez baffes pour former fa fociété, &
la préfenter (3). La ducheffe de Valentinois, a vile
maréchale de Mirepoix, la groffe princeffe de Tingry, & plufieurs autres qui ne couroient point de
rifque de s'avilir, furent créées les compagnes de la
favorite ; elles fe chargerent gratuitement de lui montrer l'art qu'il falloit employer à la cour ; de la
décraffer, & de lui faire perdre, fur-tout en public,
le ton grivois qu'elle avoit, & qui la faifoit briller
dans fes orgies. La comteffe de Béarn eut l'effronterie de la préfenter ; ce coup d'éclat l'a perdue à
jamais ; la favorite fut méconnoiffante, & fit peu
pour elle. Quelqu'argent, une place de gentilhomme de
M. le comte de Provence pour le chevalier de Béarn fon
fils, & des rebuffades continuelles, furent fa récompenfe.
A la fin elle fut forcée de quitter la cour ; fon fils perdit
fa place pour s'être battu auffi lâchement que mal-à-propos, contre le marquis de la Châtre, autre gentilhomme
de M. le comte de Provence, pour des propos tenus contre fa mere. Le chevalier de Béarn fut renvoyé à fon
régiment, on nomma à fa place ; & pour augmenter
les mortifications, on combla fon adverfaire des fa

veurs les plus marquées. Le comte de Biffy, depuis long-temps l'agent libertin du maréchal de Richelieu, qu'il avoit marié, pour récompenfe de fes fervices, à la Bontems, fut choifi pour donner la main à la Dubarry, lorfqu'elle monta dans le lit de fon maître. Ce fut Buffaut qui, au moment de faire banqueroute, & fe fouciant fort peu de la faire plus ou moins forte, en cas de non-fuccès, lui fournit les premieres jupes, & lui fit fon trouffeau. Les dettes de Biffy furent payées en récompenfe. Buffaut ne fit pas banqueroute, il gagna un million, & on força la ville de Paris de le prendre pour fon tréforier. Il remplit cet emploi avec toute l'infolence d'un parvenu, & finit, en trahiffant, les devoirs de l'amitié, par époufer la maîtreffe de fon ami, femme entretenue publiquement.

Le confeil étoit compofé de miniftres prefque tous tàrés. M. de Maupeou étoit chancelier; le duc de la Vrilliere, au département de la maifon du roi; le duc d'Aiguillon à celui de la guerre & des affaires étrangeres; de Boynes à la marine, & l'abbé Terrai aux finances, rempliffoient l'Europe du bruit de leurs glorieux exploits, de leurs intrigues, de leur inconduite, de leurs friponneries & de leur incapacité. A chaque inftant ils portoient le fantôme du monarque à des démarches inconfidérées, d'après lefquelles il étoit obligé de reculer faute d'énergie & de moyens; enfin le bouleverfement total des regles, des loix, & l'épuifement des finances de l'état furent le réfultat des décifions de ce confeil.

Les princes du fang , feule & unique fociété que pouvoit avoir la dauphine , n'étoient pas plus faits que le refte de la cour pour lui donner des leçons d'honnêteté , les uns s'avilifloient dans la plus crapuleufe débauche ; d'autres faifoient fervilement la cour à la créature qui étoit devenue l'idole du maître ; le refte, fans force, fans efprit, comme fans honneur , s'avilifloient par leur filence même fur les défordres où l'on mettoit les affaires de l'état, ou par des retraites aufli humiliantes pour eux que funeftes au bonheur des peuples ; un duc d'Orléans fe mariant avec fa maîtreffe & s'occupant uniquement de jouer la comédie ; fon fils, le duc de Chartres (4) , à force de lâchetés déshonorant le fang des Bourbons ; le prince de Conti le fouillant par fa crapule ; fon fils, le comte de la Marche , par la cour affidue qu'il faifoit à la Dubarry , dont il étoit le premier écuyer de main ; le prince de Condé , vivant ouvertement avec une femme qu'il foutient pour plaider contre fon mari , & n'ayant des Condé que le nom , beaucoup trop lourd à porter pour lui ; le duc de Penthievre, le caffard le plus décidé, ayant tous les vices des dévôts , & pas une de leurs vertus ; le comte d'Eu, vivant habituellement avec les hôtes des forêts, auxquels il reffemble en tout point , & auxquels il n'auroit pas dû, par cette raifon , faire une guerre fi opiniâtre.

Les princeffes , pour lors en petit nombre, faifoient un parti féparé de leurs maris. La feule ducheffe de Chartres méritoit la confiance de la dau

phine ; fes vertus l'en éloignerent. Toutes les femmes de la cour (un bien petit nombre excepté)
étoient ou catins, ou tribades, ou joueufes, ou ef-
crocs, & en général la plus mauvaife compagnie de
l'Europe.

Quand bien même Marie-Antoinette n'auroit pas
apporté à la cour de France le germe de tous les
vices, même de celui d'un amour effréné pour fon
fexe, il n'eût pas été étonnant qu'à fon âge, entou-
rée de tels gens, & témoin de tout ce dérégle-
ment, elle n'eût pas préféré la marche féduifante à la
vie monotone & trifte que fon augufte & nul mari étoit
dans le cas de lui faire paffer. Comment, en effet,
peut-on préfumer qu'une jeune princeffe, vive, ayant
du tempérament, pût refter ifolée avec un mari fans
paffions comme fans goût ; la laiffant à elle-même ou
à des femmes fans mœurs, qui avoient des motifs
différens de la féduire ou de s'emparer de fon cœur,
peut-être encore innocente, mais ayant de grandes
difpofitions pour ceffer de l'être ?

La dauphine arrivant à la cour, y plut générale-
ment : une jolie phyfionomie, une taille fvelte, de l'en-
jouement, careffante, attentive & bien inftruite, elle
fut un moment l'idole de la cour & de la nation ; fon début fut heureux. On peut croire que le plan d'une vie affez libre, pour pouvoir donner carriere à fes goûts,
étoit entré de bonne heure dans la tête de cette princeffe.
L'étiquette de la cour de France, toute différente
de celle de la cour de Vienne, tout en annonçant
la grandeur eft une fauve-garde pour l'honneur des

princes; la gêne continuelle & l'obseſſion où ſont leurs épouſes éloignent les prétendans , & déconcertent les projets les mieux conçus. Sans ceſſe obſervée & jalouſée, une jeune princeſſe eſt réduite à ſon mari pour toute nourriture ; & quand ce mari ne peut rien, il n'y a guere qu'un aumônier ou un confeſſeur qui puiſſe y ſuppléer : ce n'étoit pas là le compte d'Antoinette.

Cette princeſſe commença ſous de vains prétextes qui ne pouvoient que plaire au roi, par diminuer les liens dans leſquels on la tenoit, elle vouloit entrer ſeule dans l'appartement de ſon grand papa, & à quelle heure elle le deſiroit, elle ſe promenoit dix fois le jour, ſans ſuite & ſans appareil, pour ſe faire voir, diſoit-elle, à un peuple qu'elle aimoit, & dont elle vouloit être aimée. Madame de Noailles, premiere dame d'honneur, dont on n'avoit pas fait à la princeſſe un portrait avantageux, fut priſe en grippe, ridiculiſée, & fort peu écoutée dans ſes continuelles repréſentations, qui avoient toujours pour but & pour finale, *l'étiquette de la cour de France* : elle fut de-là ſur-nommée *madame Etiquette.*

Le goût de Louis pour ſa petite-fille ne fut pas de longue durée. Le Dauphin & les princes ſes freres, toute la famille enfin avoient une averſion décidée pour la Dauphine, monſieur le Dauphin ſurtout ne faiſoit pas échapper la plus légere occaſion de la mortifier. Le roi eût bien déſiré que la Dauphine eût fait changer cette haine & cette conduite dans des ſentimens tout oppoſés, il lui en dit quel-

que

que chose , il eut même la bassesse de faire manger cette impudique créature avec celle qui tenoit la place de la reine de France. La jeune princesse auroit dû en être révoltée ; elle ne fit que se permettre à cet égard les plaisanteries les plus ameres. Le roi ne put les ignorer , il n'osa montrer ouvertement son mécontentement ; mais il devint froid , rêveur , & cessa dès ce moment les choses agréables qu'il disoit sans cesse à la Dauphine.

Ce changement fut comme le signal des dissentions domestiques, qui agiterent & qui agitent encore la famille royale dans l'intérieur : ces dissentions, qui ont plus d'une fois causé de scandaleux spectacles, aigrirent le caractere de Marie-Antoinette, qui jusque là avoit vu plier tout devant elle à l'ombre de la faveur étonnante où elle étoit auprès du roi.

Madame la comtesse de Provence, la plus vaine , la plus intrigante & la plus jalouse des êtres féminins (5), ne se consoloit pas de n'avoir pas été appellée à la place la plus proche de la couronne ; elle haïssoit mortellement la Dauphine , autant qu'elle méprisoit sa sœur, la Comtesse d'Artois. Cette derniere, sans consistance , sans esprit , sans idées (6) , n'est occupée tout le jour qu'à écouter les sales discours de la Dupuis , sa femme-de-chambre & nourrice de son époux , auquel par fois elle procure des femmes ; cette princesse, dis-je, seroit dans la plus parfaite nullité & la plus délaissée de toutes les princesses, si son tempérament ne lui eût donné la faculté de faire des enfans , sa fécondité fait son existence, son crédit, & malgré ses défauts la rend au

B

moins fupportable aux François, qui aiment, fans favoir pourquoi, à avoir des enfans dans la famille de leur maître.

Ces trois jeunes femmes (7), comme on le voit, étoient plus faites pour recevoir toutes les impulfions que pour en donner aucune, auffi chacune d'elles a pris celles que lui ont données les femmes qui l'approchoient le plus. Comme leurs foibleffes ont fait fouvent varier en amitié leurs paffions dans ce genre, & leur caractere, elles fourniffent un compofé auffi bifarre qu'indéfiniffable.

Les trois princes, leurs époux, n'ont pas plus de force que de valeur. L'aîné, abfolument inepte, fe meut par une vanité intérieure qui fait qu'il rapporte tout à lui. Tant qu'il a été dauphin, fes occupations, fes goûts & fes plaifirs ont annoncé combien étoit étroit le cercle de fon génie; depuis qu'il eft roi, un fourire, une careffe de fa femme change tout, fait tout & culbuteroit la monarchie, s'il n'étoit retenu par quelques confidérations que lui infpire le comte de Maurepas. Ce chef du confeil du plus foible des princes, & du confeil le plus originalement compofé, a pour principe unique une indifférence fuprême pour tout ce qui peut arriver; tranquille fur tous les événemens, occupé uniquement des fonctions de fon eftomac, pour lui le refte eft un vain fonge. De fa garde-robe il voit s'annuller & tomber les miniftres qui fe croyent le plus folidement établis, & il fe délecte de la baffeffe des gens qui veulent être quelque chofe. Homme d'ef-

prit , plein de talens , homme charmant en société ,
qui rend sa vieilleſſe aimable ; mais abſolument mauvais miniſtre par ſon inſouciance. Comme c'eſt moins
des miniſtres que nous voulons parler que des maîtres & maîtreſſes ; il ne ſera queſtion ſouvent de ce
vieillard octogénaire que par la raiſon qu'il eſt à la
fois au roi , à la reine , à Monſieur , à Madame ,
à monſieur le comte & à madame la comteſſe d'Artois ,
qu'il rit de tout , gloſe ſur tout , & qu'il eſt content , pourvu qu'il digere à ſon aiſe à l'aide des bouf-
fonneries de ce plat Beaumarchais , qui , à tant par
ſoirées , repréſente aux ſoupés , derriere le fauteuil
du comte & de la comteſſe de Maurepas.

Le roi eſt donc un homme nul & de toute nullité,
tant au phyſique qu'au moral. Monſieur eſt atteint &
convaincu d'une auſſi fatale conformation ; ce qui rend
Madame furieuſe , ſur-tout quand elle voit les groſ-
ſeſſes de la reine , & ſa ſtérilité , malgré qu'elle ait
employé , pour la faire ceſſer les mêmes moyens qu'Antoinette. Monſieur eſt haut , vain , dur , politique ,
ſans eſprit & vilain (8) , ſa conſtitution n'annonce
pas qu'il faſſe de vieux jours , & ſon génie ne nous
promet pas de grandes choſes. Il parle de tout , parce
qu'il a une mémoire prodigieuſe , ſans avoir rien ap-
profondi ; il s'enferme dans ſon cabinet pour avoir
l'air de donner une partie du jour à l'étude & à acquérir des connoiſſances utiles ; mais il ne s'y occupe
qu'à des niaiſéries , ou à faire un journal critique des
événemens de la monarchie , & de tout ce qu'il ap-
prend de ſes flagorneurs , qui ſont la gazette de la

cour & de la ville ; fouvent il paffe des heures entie-
res à admirer fes diamans, qu'il aime avec concupif-
cence , qu'il achete ufurairement , & qu'il accumule,
comme un avare amaffe de l'or pour fe mettre fans
ceffe à genoux devant. Ce prince , avant d'être marié ,
étoit galant envers les femmes , & avoit l'air de fui-
vre à cet égard les traces de fes ancêtres ; mais depuis il femble qu'il ait contracté avec fa femme l'air
méprifant & dur qu'elle a vis-à-vis de ce qui l'entoure ;
il ne voit plus les femmes que pour leur trouver des
ridicules ; il n'en parle plus que pour en dire des ordures, ce qu'il aime avec paffion ; on fait qu'il a pour
maîtreffe une madame du Terrage , femme d'un premier commis du contrôle général ; mais on ignore
pourquoi il la conferve, & à quel ufage il s'en fert.

M. le comte d'Artois , le moins mauffade des
trois (9), feroit d'une jolie figure, s'il n'avoit pas
toujours la bouche ouverte, ce qui lui donne un air
bête, qu'il ne juftifie que toutes les fois qu'il veut
parler ; il eft bien fait, il a affez bonne grace, bruf-
que , dur , emporté , vilain , n'ouvrant la bouche devant les femmes que pour leur dire des ordures &
les faire rougir ; & devant les hommes que pour leur
dire des groffiéretés auxquelles on ripofte fouvent. Ce
prince n'aime à la fois, que les femmes, le jeu & le
vin ; vivant dans la débauche de toute efpece, avec
fon coryphée, le duc de Chartres, le plus plat & le
plus lâche des princes de fon fang, qui réunit en fa
laide perfonne tous les vices imaginables , efcroc ,
avare, ivrogne, fans mœurs comme fans vertu , il eft

la honte de la famille, comme l'exécration des François (10). Le comte d'Artois n'eſt entouré dans ſon
intérieur que d'eſpeces, à commencer par le prince
d'Henin, ſon capitaine des gardes, indigne en tout
genre des emplois dont on le décore journellement,
maquereau, bardache, &c. &c. une foule d'&c. ; de
plus, ci-devant premier maître d'hôtel, & premier
intendant des finances & maiſons de Sophie Arnauld,
premiere chanteuſe de l'académie royale de muſique,
& premiere tribade de ſon ſiecle.

La dauphine, à ſon début, eut l'air de s'attacher
au comte d'Artois : il en ſera parlé à ſon lieu. Elle
commença donc à bannir de la cour toute eſpece d'é-
tiquette, & ſubſtitua la liberté la plus décidée au
cérémonial impoſant établi par la feue reine, ſeule
bonne choſe que cette princeſſe ait faite de ſa vie.
Elle ne tarda pas de s'ennuyer des inutiles careſſes
de ſon époux, & autant par goût naturel, que pour
donner le change, elle ſe livra aux emportemens &
aux careſſes de ſes femmes.

Antoinette formoit de loin le projet de devenir
groſſe ; c'étoit le point eſſentiel des inſtructions qui
lui avoient été données en partant de Vienne, par
la ſavante impératrice, ſa mere. Elle permit à ſon au-
guſte époux d'épuiſer toutes ſes reſſources ſur cet objet, elles furent auſſi courtes que vaines. Il fallut
donc avoir recours à un amant ; on ne vouloit pas
deſcendre dans la claſſe des machines à engendrer,
on vouloit un joli homme, un homme aimable, enfin quelqu'un qui, avec de grandes facultés,

pouvoit en quelque forte être avoué , & tel que cette aventure, fi elle devenoit publique , ne pût le perdre.

N'ofant pas délibérer feule fur un objet de cette conféquence , Antoinette envoya un courier fecret & fûr à Vienne , parce qu'elle ne vouloit pas fe fier au général Merci, qui n'avoit pas infpiré la confiance , & avec lequel d'ailleurs on ne pouvoit être trop long-temps en conférence. Le courier revint & apporta la réponfe de l'oracle confulté : la voici mot à mot. » Puifque vous avez du goût pour les femmes , ma chere fille , il faut vous fatisfaire ; mais y mettre de la conftance, de la modération & de la retenue ; la premiere de ces vertus conferve la réputation , & les autres la fanté , puifque rien ne mollit & n'ufe d'auffi bonne heure que ce métier. Votre mari ne peut ni ne pourra jamais vous faire d'enfans ; ce mal eft grand fans doute : une reine ftérile eft fans confidé-ration comme fans appui ; mais ce mal n'eft pas fans remede. Il faut donc faire comme moi , prendre un faifeur : choififfez-le comme j'avois choifi le prince Charles, grand , beau , jeune , & fur-tout vigoureux , prenez-le dans les hommes de la cour les plus pro-ches de vous; cet événement ne pourroit , quoi qu'il en arrive, les compromettre ; ce fera un appui de plus pour vous , en cela vous ferez plus heureufe que je ne l'ai été ; tout l'univers a connu ma galanterie & fes effets ; on peut ignorer la vôtre, fi vous la couvrez avec foin du manteau de votre paffion pour votre fexe ; mais je vous le répete , ma fille , ménagez

vous «. Le conseil fut suivi , & (à la discrétion &
la constance près) tout alla comme la chere maman
l'avoit ordonné.

La duchesse de Péquigny fut la premiere honorée
de la confiance & de l'intimité de Marie-Antoinette.
Elle amusa long-temps par ses bons mots & son esprit,
sur-tout par ses continuelles plaisanteries sur le compte
de la Dubarry , qui étoit la bête noire de toute la
famille ; mais cet esprit caustique , & son goût pour
le sarcasme la firent craindre & lui firent des ennemies,
elles profiterent pour la perdre de ce qui la faisoit aimer ; elle fut disgraciée.

Le feu duc de la Vauguyon, cet ennemi capital du
duc de Choiseul , auquel il faisoit une guerre ouverte , cherchoit à appuyer son parti chancelant. Il imagina que s'il pouvoit placer la duchesse de Saint-Maigrin , sa bru , dans le lit de la dauphine , elle servi-
roit à ses vues contre son ennemi , & auroit la place
de dame d'atours. Cette duchesse , une des plus belles
& des plus aimables femmes de la cour , étoit bien
digne d'occuper la place de favorite ; elle y parvint
aisément , & plut beaucoup dans le déduit amoureux ;
mais son regne ne fut pas de longue durée. Son peu
de génie en politique lui fit ménager la comtesse Dubarry , sans cependant la voir , mais elle ne la déchiroit pas en particulier & ne lui faisoit pas des mines
en public : elle voulut , ce qui s'appelle , ménager la
chevre & le choux : cela déplut souverainement , &
cette nouvelle amante ne tarda pas à être répudiée.

Madame la duchesse de Cossé succéda à madame de

Saint-Maigrin, elle fut nommée premiere dame d'a-
tours , à la demande de fa maîtreffe , qui en parla au
roi , en excluant nommément madame de Saint-Maigrin. Cette troifieme eût joui de la plus grande & la
plus conftante faveur , fi fon caractere férieux , phi-
lofophe & raifonnable eût pu fympathifer un peu davantage avec la frivolité & le goût des plaifirs vicieux
de la dauphine : la même année vit éclorre & finir cette
intimité.

Jufqu'à la mort de Louis XV , ce goût pour les
femmes n'avoit encore laiffé entrevoir dans Marie-
Antoinette que celui qu'elle auroit dû avoir plus na-
turellement pour les hommes. Elle fembla , pour un
moment , avoir jetté les yeux fur le comte d'Artois ;
mais on affure que ce prince , peu capable d'ailleurs
de la moindre réflexion , en fit affez pour ne pas vou-
loir courir les rifques de fe donner un maître : foit
par ce motif , foit par celui de la vie trop licentieufe,
qu'il préféroit à la néceffité de mettre de la retenue
& de la délicateffe dans un pareil engagement , tout
parut fe réduire , entre le petit frere & la petite fœur ,
à des promenades nocturnes & des jeux trop innocens pour qu'ils puffent être long-temps du goût de la
bouillante Antoinette.

La marquife de Mailly occupoit , pendant cet in-
tervalle le fiége de la confiance & de l'intimité ; elle
étoit de toutes les parties & de tous les confeils de
la nouvelle reine ; elle épioit tout , favoit tout , &
rapportoit tout. Enfin le comte de Dilon , furnommé
le Beau Dilon , revint à la cour , où il avoit été pa-

ge , & tourna tous les yeux vers lui ; la reine ne fut
pas la derniere à qui il fit impreſſion ; elle fit des avan-
ces , & fut préférée. De ſon côté, Dilon chercha à
plaire & réuſſit : ſans eſprit, ſans amabilité , une figure auſſi uſée que ſon exiſtence , voilà en bref le
portrait de celui qui devint le héros du jour , héros
qui n'a que le maſque de l'homme & de l'honneur.
A Spa , il fut menacé de coups de bâton en préſence
du roi de Suede ; il a fait des excuſes à celui qui les
lui a propoſés : ſemblable au Dilon qui vit à Bruxel-
les , il a pour tout mérite une belle figure , une ame
ſale, & un cœur auſſi lâche qu'avili.

La ſéduiſante reine eut le ſecret de faire goûter
ſon chevalier à ſon imbécille de mari, au point de
lui faire accorder des graces & une faveur marquée.
Quand on jouoit, le roi étoit le caiſſier de Dilon,
& lui donnoit l'argent dont il avoit beſoin pour
faire la partie de la reine. Dilon perdoit toujours,
& cela n'ennuyoit pas le roi qui n'eſt pas plus généreux que ne le ſont en général les Bourbons. Il
prit enfin cette liaiſon de la meilleure part , juſqu'au
moment d'une indiſcrétion marquée. La reine, à un
des bals qu'elle donnoit au château, & pendant leſquels elle ne danſoit preſque qu'avec Dilon, préten-
dit avoir une palpitation de cœur effroyable. Elle fit
mettre la main ſur ſon cœur à ſon auguſte époux ;
& après lui, au cher comte, qui eut la hardieſſe de
s'y prêter en préſence de ſon maître. Le roi prit mal
la plaiſanterie ; on craignit déjà pour Dilon, mais
l'humeur ne tarda pas à diſparoître. L'adroite Antoi-

nette appaifa tout avec une careffe & quelques mots tendres : l'amant reprit la confiance avec la faveur, & le nigaud de mari rentra dans fon infouciance & fa nullité.

Malgré la reine, Dilon partit pour fon régiment. Après qu'elle eut vainement demandé au rétif M. de Muy, une difpenfe de rejoindre, fous prétexte que ce colonel lui étoit néceffaire pour fes bals & fes promenades, la féparation fut cruelle de part & d'autre. Madame la princeffe de Guémenée fécha les pleurs de l'amante, & quelques grifettes confoloient l'amant.

Les amours de la reine, pour la vigoureufe & lubrique Guémenée, furent de nature à faire augurer aux plus fins courtifans que fon regne auroit la plus longue durée. Un rendez-vous n'attendoit pas l'autre ; on faifoit dans l'intérieur des féances de deux heures, encore ne pouvoit-on pas parvenir à y éteindre les feux de fa paffion ; car en public, & devant les femmes-de-chambre, on fe faifoit les careffes les plus lafcives. Tant d'amour cependant s'évanouit, & fut traité comme une affaire de garnifon ; le militaire revint de fon régiment, & madame de Guémenée fe retira.

L'hiver, cette année, fut des plus bruyans ; les bals à la cour, ceux de l'opéra, le jeu, les foupers agréables, & les fpectacles occuperent toute la cour. Dès que l'on fut affuré que la reine fe rangeoit un peu du côté des hommes, les feigneurs de la cour fe mirent fur les rangs. Le fat & merveilleux vicomte Delaval fe crut un moment en faveur ; mais on donnoit le change. Dilon étoit fur les dents, & ne faifoit que de l'eau claire ; il falloit changer & mieux choifir à tous égards. Les intrigues, les démarches, les propos furent pendant cet hiver pouffés à l'excès ; la reine fe conduifit avec une fi indécente liberté, que les prudes de fa cour fe crurent en droit de lui faire des repréfentations.

Madame la princeffe de Marfan, qui ne connut de l'amour que les peines, & qui pleure encore la perte d'un amant chéri, tué pendant la guerre de 1744 ; madame de Maurepas, digne & très-refpectable paffion de l'abbé de Verry, hafarderent quelques remontrances que l'on écouta avec bonté, mais dont on fit peu de cas ; cela devoit être ainfi.

Enfin le fuccès couronna les vœux d'Antoinette ; elle avoit long-temps donné le change fur fes goûts & fur fes paffions, & croyoit, par ce moyen, avoir mafqué la dominante. Elle devint groffe, matiere aux obfervations ; toute la cour fe crut intéreffée à cet événement. Monfieur & madame, monfieur & madame la comteffe d'Artois ne trouverent pas le fait plaifant. Chacun eut donc fon cercle, & chaque parti déchira à belles dents la pauvre Antoinette.

Cette groffeffe avois pris époque pendant les bals & les fêtes que la reine donna à fon frere l'archiduc, qui fit en France, pendant fon féjour, autant de fottifes que de démarches. Vain fans valeur, haut fans décence (11), il montra la groffiéreté allemande dans tout fon jour. Il n'eft pas de mon plan de parler de fon impoliteffe ni de fes prétentions chimériques envers nos princes. Il parut à la cour pour s'y faire juger & méprifer ; & fi le Sartine & le duc de Choifeul n'euffent fêté ce petit prince, il eût paffé en France comme ces charlatans qui ne font remárqués que les premiers jours qu'ils font rire.

Chacun raifonna fur cette groffeffe : les femmes qu'elle avoit eues, & qui l'avoient crue uniquement attachée à fon fexe, ne lui pardonnerent pas d'avoir eu un amant; c'eft l'ufage des dames de cette religion. On chercha le héros, il fut aifé à trouver; on nomma le duc de Coigny, & toutes les conjectures fe réunirent en fa faveur. Ce feigneur aimable, d'une belle figure, ayant les mœurs les plus douces, & la tournure la plus fatisfaifante, des yeux qui parlent beaucoup, & une fanté en tout point différente de l'expirant Dilon, avoit, depuis quelque temps, fixé les regards de la reine. Il s'étoit conduit avec la plus grande circonfpection, & l'auroit ménagée fi elle n'eût pas elle-même cherché la publicité par fes imprudences. On calcula l'heure, le moment & lieu où la groffeffe s'étoit opérée. On rappella un bal de l'opéra, où la reine s'étoit mafquée en capotte grife, & avoit fait mafquer de même plufieurs femmes de fa fuite; le duc étoit feul dans une loge aux fecondes. A la faveur du déguifement, Antoinette fe perd parmi fes compagnes, fe gliffe dans la foule & vole à la loge. Quelques momens après, la fuite inquiete, cherche la princeffe; on la trouve fortant de la loge, & fi agitée de l'acte qu'elle venoit de faire, qu'elle tomba presqu'évanouie sur l'escalier. Une femme marqua cet instant sur ses tablettes; elles circulerent, & presque toutes les femmes de la cour l'eurent sur les leurs écrit en lettres d'or. Madame de Guémenée dont l'outrage étoit le plus récent, fut celle qui se contint le moins dans ses propos. Elle fut disgraciée avec dureté, renvoyée de la cour, & remplacée dans sa charge de gouvernante, par madame de Marsan, malgré son sermon si infructueusement & si mal-adroitement fait.

La reine regardoit sans doute ses intrigues avec les hommes, ou comme une nécessité, ou comme un goût de passage que les filles appellent des *caprices*; elle ne pouvoit d'ailleurs éteindre ses bouillans desirs dans les suites d'une intrigue qui ne fournissoit pas des moyens d'être sans cesse avec l'objet qui les inspiroit; c'est ce qui la détermina à conserver toujours une femme avec laquelle elle étoit dans la plus étroite liaison. Madame la princesse de Lamballe, depuis long-temps l'amie d'Antoinette, ne fut initiée dans les grands mysteres de l'intimité, qu'après madame de Guémenée. On avoit tout fait pour madame de Lamballe. Madame de Noailles avoit commencé son service auprès de la dauphine, par déplaire souverainement, & cela n'est pas difficile à présumer. Elle éprouva de la part de sa maîtresse tous les désagrémens & toutes les rebuffades imaginables; mais les Noailles se rebutent-ils? Rien ne leur coûte, rien ne les mortifie, rien ne les arrête quand leur intérêt y est pour quelque chose. Madame Etiquette, en fuivant ce fyftême, ne vouloit pas fe retirer, & il n'étoit pas décent de la chaffer, fans qu'elle le méritât pofitivement. Un ami des Noailles confeilla à la reine de créer une charge dans fa maifon, qui réduiroit à rien celle de madame de Noailles, tant par rapport aux émolumens, qu'aux prérogatives. On imagina la charge de furintendante de la maifon ; & pour écrafer davantage la premiere dame d'honneur, il fut queftion de donner cette charge à une perfonne dont le rang & la naiffance l'éclipferoient ; la princeffe de Lamballe fut choifie. Jeune, aimable, féduifante par fa taille & fa figure, tendre & fans paffions, elle en avoit infpiré ; ce moyen la rapprochoit ; elle étoit la favorite par excellence ; il falloit tout faire pour elle.

La reine propofa cette augmentation de dépenfe dans fa maifon, à M. Turgot, qui eut la mal-adreffe de la refufer, & ce fut fa perte. Les mécontentemens de la fouveraine femblerent autorifer les plaintes de toutes les femmes de la cour, même des femmes-de-chambre, qui formoient un parti nombreux contre un miniftre qui joignoit, à beaucoup d'autres défauts, celui de ne pas aimer le beau fexe. Les autres ennemis de M. Turgot, & les gens qui, par effence autant que par intérêt, ne peuvent fouffrir les miniftres trop long-temps en place, fe joignirent à cette cabale. La reine fe fervit de l'autorité qu'elle avoit fur fon augufte époux. M. Turgot fut renvoyé, & madame la princeffe de Lamballe fut nommée furintendante de la maifon de la reine, avec 400,000 liv.

d'appointemens. Le regne de cette favorite dura jufqu'après les couches de la reine, pendant lefquelles
elle ne la quitta pas. La faveur des Coigny éclipfa
la princeffe, qui fe retira prudemment de cette grande
intimité. Elle n'en fut pas moins humiliée, fur-tout
quand elle fe vit fur le point d'être éclipfée par une
Polaftron. Comptant un peu trop fur fon crédit,
elle porta fes plaintes au roi fur le mépris que la
reine lui faifoit éprouver; le roi ne fit qu'en rire,
ne répondit rien, & courut, en dandinant, à fa forge,
finir un cadenas qu'il avoit commencé la veille, &
qui étoit très-preffé. La fiere favoyarde ne s'en tint
pas là; elle s'adreffa à fon beau-pere. Ce caffard, fenfible comme un dévot, courut au curé de Saint-
Euftache. Le pafteur promit d'en parler au roi à la premiere confeffion, & en attendant on réfolut de tenir ferme. Comme le fecret de la confeffion du roi
au curé, n'eft qu'entre trois, on l'ignore; mais on a
vû le froid de la reine continuer contre madame de
Lamballe, qui, fans y avoir égard, a continué l'exercice de fon emploi, avec autant de fierté que d'au-
dace & de dignité.

La groffeffe de la reine avançoit : malgré la cer-
titude que l'on avoit fur le faifeur, on donnoit encore plufieurs autres peres à cet enfant fi défiré. Le
roi feul de fa cour étoit dans l'erreur & fe l'attri-
buoit; le plus doux des maris, le feigneur du château de Verfailles fe complaifoit dans fa progéniture
prochaine, & tous les courtifans au fait du fecret,
applaudiffoient à la fottife du prétendu papa. Madame,

experte en intrigues , & qui connoiſſoit à fond celles de ſa belle-ſœur , n'étoit pas dupe du fait. Elle en avoit inſtruit ſon mari , qui avoit inſcrit les détails curieux dans la collection qu'il a faite des annales ſavantes du regne de ſon illuſtre frere , de ce qui ſe paſſe dans ſon intérieur , même dans ſa forge qui n'eſt pas celle de Vulcain ; car il n'y fabrique pas des lacs pour y enfermer les amans de ſa femme & les prendre ſur le fait. Cet ouvrage érudit , du plus érudit des princes de ſon ſiecle , fera un jour l'ornement de ſa bibliotheque , comme il fait actuellement l'éloge de ſon eſprit & de ſes connoiſſances.

L'accouchement de la reine fut long & pénible , elle fut même quelques momens en danger ; Vermont ſon accoucheur , qui paſſe pour ignorant , la ſauva par une ſaignée qu'il ordonna contre l'opinion de la faculté. Les amans & les maîtreſſes , pendant ce moment , étoient déroutés. Le Dilon étoit loin (2) ; Coigny ne ſe montroit qu'à peine ; Laval avoit été éconduit ; ces trois courtiſans étoient même excédés d'un bonheur qui pouvoit avoir pour eux les ſuites les plus funeſtes. Le duc de Coigny , ſur-tout , à qui le public accordoit l'honneur de la paternité , avoit plus d'une fois pâli à la vue des élancemens de joie ridicule que le roi avoit montrés en prenant les mains de Vermont , & tenant dans ſes bras l'enfant qui venoit de naître , puis voulant imiter Henri IV , ce héros à jamais chéri , qu'il croit ſon patron , & auquel il dit qu'il reſſemble , parce que le ſot public qui gâte tout , dans un moment de démence & d'adulation , d'adulation , a fait une auſſi étrange comparaiſon ; il le montroit à l'aſſemblée avec l'air de la plus grande ſatisfaction ; & adreſſant la parole à M. d'Aligre , premier préſident du parlement : » voyez-moi, monſieur , & dites bien que cette fille eſt de moi. «

Quand la reine fut relevée de ſes couches, le tableau des amuſemens de Verſailles changea. Plus de bals , peu de jeu , mais beaucoup de promenades ; & ſur-tout des promenades nocturnes. Dès les premiers beaux jours , on s'aſſembla le ſoir à l'entrée de la nuit ſur la terraſſe du château , au parterre du Midy. Tout Verſailles s'y rendoit ; les femmes de toutes eſpeces y jouoient un rôle , & y continuoient un cours de débauches. Les femmes de la cour , les femmes-de-chambres , les femmes des premiers commis , des bourgeois , des valets du château , & même les griſettes ſe mêloient & promenoient enſemble dans l'obſcurité : on finit par ſe déguiſer ; la reine , Monſieur , M. le comte d'Artois , & leurs ſinges , couroient la terraſſe & même les boſquets : les femmes avec des capottes , & les hommes avec des redingottes & de grands chapeaux rabattus ſur le nez. On ſe perdoit , on ſe retrouvoit , & tout étoit au mieux dans le meilleur des mondes poſſibles.

La muſique des gardes françoiſes rendoit encore ces ſcenes plus touchantes par les airs les plus laſcifs qu'elles jouoient pendant plus de deux heures ſous les fenêtres du château. Le vieux Biron manque-t-il la moindre occaſion de faire le chien couchant ; ce héros de l'opéra qui fait combattre ſes ſoldats avec tous les bouffons & dans tous les ſpectacles, moyennant un ſalaire qu'il partage ; qui avilit l'état militaire par ce genre de proſtitution, qui vend les emplois de ſon corps au plus offrant & au plus riche : corps dans lequel le marquis eſt à côté du marchand, les fils de banquier à côté du comte & du bourgeois décraſſé. Ce Biron enfin, qui n'eſt bon qu'à faire ranger les fiacres, étoit le courtiſan le mieux inſtruit de ce qui ſe paſſoit pendant toutes les nuits, par le moyen de ſes ſentinelles qu'il chargeoit d'épier ; en intrigant adroit, il diſoit tout tout bas, & ſe faiſoit encore valoir par ſon ſecret.

Enfin, tant que l'été dura, ces nocturnales durerent. Il eſt inoui combien la reine chercha & trouva d'aventures, hommes & femmes, elle eſſaya de tout. Un garde-du-corps ne la connoiſſant pas, la prit ſous le bras, & la mena dans un boſquet, en lui tenant les propos les plus poſitifs, & là il ſe mit en devoir d'exécuter les promeſſes qu'il avoit faites en chemin : l'occaſion & le moment n'étoient pas favorables, on ſe débarraſſa en riant, des mains du raviſſeur ; il fut remarqué & ſuivi : auſſi le lendemain il fut renvoyé en Normandie, fouetter ſes lievres, & depuis il ne parut plus à la cour.

Quelques jours après, notre Antoinette, alternativement conduite par ſa paſſion pour les femmes, & par le deſir d'avoir des enfans, rencontra ſur la terraſſe une grande femme, bien faite & ayant de la tournure ; elle l'acoſte à l'ombre du déguiſement

& d'un mot de ralliement , convenu entre cette
femme & une de fes amies , qu'elle appelloit ma
fœur. Celle-ci dupe de la reffemblance de la taille
de la reine avec celle de fon amie , la prend par le
bras , badine beaucoup avec elle , paffa en revue la
plupart des femmes de la cour , la reine même fut
touchée , mais légérement ; la femme avoit de l'efprit , elle plut , & l'on fe donna rendez-vous pour
le lendemain à pareille heure. Antoinette , en la
quittant , donna ordre qu'on la fuivît , & qu'on eût
à favoir qui elle étoit pour lui en rendre compte à
fon lever : quel fut le chagrin & les regrets de la
reine , quand elle apprit que cette beauté fi charmante , qui l'avoit tenue éveillée toute la nuit , &
avec laquelle elle fe promettoit des plaifirs inconnus
au refte des mortels , étoit la laide , la fale , la ba-
varde & la dégoûtante Manon Louftenau , mariée
depuis dix ans à un neveu de l'abbé de la Ville ,
nommé Defons , qui avoit eu la bravoure de lui
faire un enfant étant fille , & qui , pour récompenfe d'un fi haut fait , fut réduit à l'époufer ; c'eft
bien mal reconnoître un tel mérite. Cette malheu-
reufe créature , la gazette du quartier , ne manqua
pas au rendez-vous , mais elle reconnut fa prétendue
fœur , & vit par l'expulfion qu'on lui donna , qu'elle
avoit d'abord été méconnue ; quelque peu honorable
qu'ait été cette aventure pour madame Defons , elle
n'a pu la taire : c'eft d'elle-même que l'auteur la
tient.

Un autre jour notre Antoinette qui ne fe corrigeoit pour rien au monde , vouloit à quelque prix que ce fût trouver, comme on le dit trivialement, *chauffure à fon pied* ; aborda un jeune homme , qui lui parut au clair de la lune , être affez bien fait , & d'une jolie figure ; elle ne fe trompa point , & fon inflinct pour cette fois, la fervit mieux qu'elle ne l'auroit pu defirer. Ce jeune homme eft un enfant de l'amour , & beau comme lui ; il venoit tout ré-cemment d'avoir une place de commis au fecrétariat de la guerre , par la protection d'une comtefle qui eft fa mere , & qui ne put jamais diftinguer qui en étoit le pere. Tendre , fenfible , doux , innocent & timide , il fut loin d'abord de deviner à qui il avoit l'avantage de parler : on le queftionna fur la fitua-tion de fon cœur ; fes réponfes & fon ingénuité , enflammerent la trop inflammable princefle ; on lui pafla la main fous le menton que l'on trouva feule-ment garni du plus léger duvet, fa peau douce & fine annonçoit l'âge des plaifirs ; on en fut plus con-vaincu quand on fut qu'il n'avoit que dix-fept ans , & qu'il ne connoiffoit de l'amour que le nom ; mal-gré fa timidité & fon embarras , on diftingua une forte d'efprit dans le nouvel Adonis ; enfin il plut, fa figure , fon ton , fa taille , tout , jufqu'au fon de fa voix , fe tracerent dans le cœur de notre héroïne en traits de feu : on le quitta fans fe faire connoître & on lui donna rendez-vous pour le lendemain à la même heure & au même lieu.

On fait que le fommeil & l'amour s'accordent mal enfemble ; le même fentiment qui avoit fait du progrès sous les lambris dorés du château de Versailles, avoit suivi notre jeune homme dans sa petite solitude. L'aventure après l'avoir étonné, l'avoit enflammé à son tour. Nature & jeunesse lui firent senti, que jusqu'à ce moment il avoit existé dans un néant qui n'étoit pas fait pour lui, ou, pour mieux dire, qu'il n'avoit pas existé. Il ne ferma pas l'œil de la nuit ; la journée lui parut un siecle : les distractions, l'ennui, le découragement & un mal-aise, jusqu'alors inconnu, s'emparerent de ses sens, & l'accablerent jusqu'au moment fortuné où il alloit rejoindre celle qui causoit tout ce ravage ; il en étoit de même chez Antoinette, à la jouissance près dont elle connoissoit les délices ; ce qui rendoit encore son impatience d'autant plus grande. On s'occupa des moyens de connoître le héros qui devoit être couronné ; on y réussit, & l'on n'en fut que plus décidé à profiter de la circonstance heureuse que l'amour procuroit ; en conséquence on arrangea tout pour pousser l'affaire à sa fin, pour peu que cela convienne. On fit une confidence à Campan, valet-de-chambre, chargé de la partie des plaisirs, habitué à entendre à demi-mots, & fort adroit dans l'exercice de ce sublime emploi ; tout fut distribué au gré de l'impatiente & amoureuse maîtresse.

On ignore qui fut le premier au rendez-vous ; se voir, faire un cri & s'élancer dans les bras l'un de l'autre, furent l'affaire d'un moment : on se dit des mots entre-coupés, on se donna des baisers comme si l'on ne s'étoit vu depuis un siecle ; enfin on se jura de s'aimer toujours, avant feulement d'avoir commencé à parler d'amour. Charmans effets du defir effréné de l'un, ainfi que du befoin d'aimer & de jouir de l'autre. La reine, pour qui le moindre retard pouvoit être auffi dangereux que nuifible, conduifit infenfiblement fon futur amant dans un bofquet éclairé avec art, & préparé avec foin par l'induftrieux Campan : ils furent heureux ; amour, tire le rideau fur ce qui fe paffa dans ce lieu de délices. Adonis ne connut Vénus qu'après la jouiffance ; la crainte & l'excès de fon bonheur ne firent d'autres effets fur lui, que de lui bien faire fentir la néceffité du filence.

On rentra dans la foule ; le jeune homme, tremblant & hors de lui, eut befoin d'être raffuré ; & c'eft ce que l'on fit fi adroitement, qu'il reprit fes fens, & fut au bout de quelques minutes en état de répondre aux différentes queftions qu'on lui fit. L'amour difparut, & fit place à l'intrigue. Depuis quelques temps on en vouloit au prince Montbarey, miniftre de la guerre ; on queftionna le jeune homme fur fon compte, fur celui de la Renard, avec laquelle vivoit ce miniftre, fur fes fréquentes orgies, à la fuite defquelles on étoit obligé de le mettre au lit ; & enfin fur tout ce qui pouvoit procurer des renfeignemens. Le jeune homme répondit avec adreffe & prudence ; il étoit d'ailleurs trop nouvellement au fecrétariat pour être initié dans aucun myftere : on le vit bien ; on le chargea d'*examiner* & de rendre compte. Avant de fe quitter, il fallut pourvoir aux moyens de fe revoir. L'aventure du bofquet devenoit dangereufe pour le nouvel Adonis : Campan fut confulté. Il imagina de le charger, de la part de fa maîtreffe, de copier de la mufique; il promit de la porter & rapporter lui-même, & donna les inftructions les plus amples pour la compofition d'un nouveau genre de mufique, qui ne pourroit être entendue que par ceux qui en auroient la clef.

MONSIEUR & M. le comte d'Artois ne perdirent pas leur temps pendant ces promenades. C'eft là où MONSIEUR fit la connoiffance de madame du Ter-rage, & c'eft fur ces gazons où il quitta fa grandeur pour s'armer de la houlette du charmant berger Tir-cis : c'étoit le nom de ralliement qu'ils s'étoient donné fur la terraffe.

Incouftante en amans comme en maîtreffes, notre Antoinette ne tarda pas à renvoyer le duc de Coigny. Elle s'autorifa d'une multitude de raifons; les propos devenoient fi forts, qu'ils faifoient craindre que le roi ne prît un parti violent. Les certitudes trop phyfi-ques de cet engagement donnoient de trop fortes ar-mes à la méchanceté, & alarmoient notre amante. Le pire pour M. de Coigny, c'eft que la reine n'avoit fait qu'une fille, & ce n'étoit pas là fon compte : fon vœu n'étoit pas plus rempli que le motif qui l'avoit déterminée à une démarche auffi dangereufe. Le Coi-gny fut difgracié; & notre reine, tout en fuivant l'a-venture du bofquet, revint à fon penchant naturel pour les femmes.

Madame la princeffe de Lamballe fit place à mada-me de Polignac, appellée *madame la comteffe Jule.*

Cette belle paſſion , qui dure encore, n'a rien d'égal que l'attachement & les ſottiſes du feu roi Louis XV. pour madame de Pompadour. Comme cette derniere, madame la comteſſe Jule coûte à l'état des ſommes immenſes. Madame de Pompadour avoit des amans , Jule vit publiquement avec M. de Vaudreuil (13): & ce qu'il y a de plaiſant, c'eſt qu'il eſt auſſi bien avec le reine & le roi qu'avec la comteſſe Jule. Madame de Pompadour pardonnoit , & même procuroit à ſon au-guſte amant des plaiſirs de paſſade , madame Jule en pardonne à Antoinette : en dernier lieu même elle lui a procuré la petite Laborde , femme de l'ancien valet-de-chambre du roi , qu'elle a fait ſa lectrice. Madame de Pompadour vendoit des emplois , des béné-fices , des charges , des évêchés , &c. &c. Elle avoit des bureaux , un tarif & un premier commis pour cet objet (tout le monde a connu ſon Colin). Madame Jule vend pareillement évêchés , bénéfices, emplois, charges , &c. & ç'eſt Vaudreuil qui eſt le miniſtre en chef de cette partie. Madame de Pompadour enrichit ſa famille , & mit ſon frere poiſſon au bleu ; celle-ci en fait autant : au moins commence-t elle par ſon mari , qu'elle a fait duc ; elle vient de marier ſa fille avec le fils de madame de Grammont : les graces & l'argent ont devancé cette ſuperbe union , le gendre a été créé duc , a une compagnie des gardes du roi , &-cela eſt actuellement à un point d'indécence, que la famille des Polignac & celle des Grammont en-vahiſſent tout , demandent tout , & que l'on ne peut faire un pas ſans les trouver dans ſon chemin en op-poſition.

L'hiver qui a suivi cette nouvelle liaison a été le même que les précédens, beaucoup de spectacles, de bals & de jeux. La coquetterie la plus raffinée a augmenté encore le luxe & la dépense, la reine a pris pour son ministre, dans la partie des colifichets, la Bertin, marchande de modes, qui n'est parente ni de Bertin ministre, ni de Bertin casuel ; mais qui les vaut bien, elle travaille avec la Bertin comme son auguste époux travaille avec ses secrétaires d'état. Autre ministre femelle, c'est Guimard de l'opéra (14), pour la partie des gazes & des habillemens. Il est certain que les affaires de la France auroient pris depuis long-temps une excellente tournure, si le roi avoit mis dans le choix de ses ministres la même sagacité & le même jugement que la reine a mis dans le choix des siens : les Sulli, les Colbert, les Richelieu, ne peuvent dans leur genre être comparés à la Bertin & à la Guimard dans le leur. Un homme digne de foi a été témoin du départ de la Bertin pour Versailles, emportant, dans un porte-feuille fermé à clef, des échantillons de modes, & ne voulant pas vendre un bonnet à une dame en état de le lui payer au poids de l'or, en disant : » Je vais à la cour, je ne puis » laisser sortir cette mode de chez moi que je n'aie » fait mon travail avec la reine, à qui sûrement elle » plaira, & je lui en dois la préférence «. Rien de plus plaisant que le ton de dignité que prit la grisette en tenant ce propos. Guimard, plus à portée des grandeurs, ne met sans doute pas tant d'importance dans son travail ; mais elle n'y réussit pas moins bien,

car il eft impoffible que la plus élégante catin de Paris
foit mieux mife que la reine.

Les plaifirs de l'été furent diverfifiés ; les foirées de
la terraffe avoient déplu. Antoinette avoit, fous fes
déguifemens, effuyé des apoftrophes & des propos
durs. Monsieur & M. le comte d'Artois avoient
profité du leur pour faire des conquêtes ; madame du
Terrage, la petite Bêche & plufieurs autres de cette
efpece, avoient été la proie de leurs incurfions, les
maris s'en étoient apperçus, & retinrent leurs cheres
moitiés chez elles : ce n'étoit pas agir en maris de
cour.

On changea donc ces plaifirs en des jeux innocens & particuliers. On commença par interdire au
public les promenades du parc après fouper, on faifoit illuminer, tant bien que mal, une partie des bofquets, dans l'un defquels on avoit établi un trône de
fougere, & là, on jouoit au roi comme les petites
filles jouent à madame : on élifoit un roi, il donnoit
fes audiences, tenoit fa cour & rendoit juftice fur
les plaintes qui lui étoient adreffées par fon peuple,
repréfenté par les gens de la cour & du comité, par
le roi & la reine, qui venoient fe dépouiller de leur
grandeur au pied de ce trône factice. On faifoit au
nouveau roi les plaintes les plus originales les unes
des autres : les peines & les récompenfes ne l'étoient
pas moins ; mais au bout de quelques inftans de ces
plaifanteries, qui ne pouvoient faire qu'un bon effet, fa majefté, qui étoit prefque toujours Vaudreuil,
prenoit fantaifie de faire des mariages, il marioit le

roi avec une femme de la cour, la reine avec un des hommes , (on a remarqué qu'il fe l'approprioit le plus fouvent) , il en faifoit de même pour les autres hommes & femmes de la fociété , il les faifoit approcher par couples au pied du trône , ordonnoit que chacun fe prît par la main , & là , avec tout le refpect dû à ce nouveau genre de facrement , & au nouveau roi qui fe mêloit ainfi du facerdoce , on attendoit le mot facramental qui étoit *decampativos*. Auffitôt prononcé, chacun avec fa chacune fuyoit à toutes jambes vers un des bofquets qu'il choififfoit ; défenfes de par le roi des fougeres de rentrer avant deux heures dans la falle du trône ; défenfes d'aller plus d'un couple enfemble & dans le moindre endroit? défenfes de fe voir , de fe rencontrer , de fe nuire , de fe chercher, ni de fe parler. On affure que ce jeu plaifoit fort au roi , qui trouvoit très-plaifant de fe voir ainfi détrôné fur l'herbe par Vaudreuil.

Cette année-là on devoit ordonner les eaux à la reine pour provoquer une feconde groffeffe ; mais les médecins font tous tombés d'accord que ces plaifirs nocturnes , & fur-tout le *decampativos* feroient encore plus d'effet. D'ailleurs , M. Necker qui craint la dépenfe , & qui n'eft pas de l'avis des voyages, ayant été confulté, a dit que, malgré que le nouveau roi du foir coûtât prefqu'autant que s'il l'étoit pour toute la journée , il valoit mieux s'en tenir à cette recette pour avoir un héritier du trône , qui feroit encore un grand objet de dépenfe pour l'Etat , quelque part qu'il fût fait, & par quel faifeur il nous fût procuré.

Ces petits jeux innocens ont , dit-on , mis le roi
en humeur de détrôner à son tour quelque mari , il
en a fait confidence à quelqu'un des officieux de cour
dont il est entourré , & qui n'attendent que le signal
du desir de leur maître pour lui fournir à l'envi les
moyens de le satisfaire. Dans la minute on lui a procuré une femme-de-chambre de Madame , aussi jolie
que bête, & faite à tous égards pour le sale physique
de notre monarque , elle reçut ses attouchemens avec
respect, le roi , de son côté , a mis dans cette occa-
sion la même grace , le même sel & la même gentil-
lesse qu'il met en tout , jugez comme il s'y est pris
enfin ; enfin , on est entré comme la chose étoit faite ,
& on a trouvé sa majesté renouant sa braguette , &
riant de tout son cœur de ce rire fin & agréable qu'il
a , de l'entorse qu'il venoit de donner au sacrement.
Il faut convenir que depuis Henri IV les graces &
les agrémens de l'amour ont prodigieusement dégénéré
dans cette famille.

Madame Jule de Polignac est accouchée au mi-
lieu de tous ces plaisirs. La cour , à ce grand événement , est venue passer huit jours à la Muette pour
que la reine fût plus à portée de rendre ses soins à
sa tendre amie , qui fait ses couches à Paris , tout
bonnement dans l'appartement de Vaudreuil. Effectivement Antoinette ne quitte pas le chevet de son
lit , & lui sert de garde accoucheuse. Les ignorans ,
& ceux qui ne se connoissent pas plus aux intrigues
de la cour qu'aux différents motifs qui les déterminent , trouvent singulier que madame Jule n'ait pas

fait ſes couches au château de Verſailles , & ne ſe ſoit pas miſe à portée de ſon amie , cela paroît plus naturel , plus décent. Ces gens-là ne ſavent pas que cela n'eût pas convenu ; ces fréquens voyages de Paris , ces viſites ont un but qui n'eût pas été rempli autrement. Madame de Polignac a fait un garçon , Vaudreuil ſait donc faire des garçons , Coligny ne fait que des filles , *ergo* , *ergo*..... Madame Jule s'eſt prêtée à la diſtraction de la petite Laborde , elle ſe prêtera à celle de Vaudreuil , ſur-tout pendant ſes couches qu'elle n'en a pas beſoin : d'ailleurs , que ne fait-on pas pour conſerver ſa faveur & ſon amant ? A la fin de tout cela nous aurons un dauphin , je ne ſerai pas mauvais prophête ; il reſſemblera au roi comme lui reſſemble la princeſſe ſa fille , qu'il montre avec complaiſance , & qu'il aime par la raiſon de cette reſſemblance qu'on lui aſſure être parfaite.

En attendant ces heureux momens , la reine a donné à madame Jule une layette de 80,000 liv. & le roi un préſent en pareille ſomme ; on devoit y joindre le duché de Mayence , qui eſt une bagatelle de 1,400,000 liv. mais M. Necker qui ſe connoît en bagatelles de cette nature , s'y eſt oppoſé ; un inſtant après il a ſenti qu'il avoit eu tort ; & s'eſt rappellé la chûte de M. Turgot , & comme il tient beaucoup à ſa place , dont la favorite menaçoit déjà de le déloger , il a réparé ce mouvenment de ſon zele indiſcret , en déterminant la reine à faire à ſa favorite un don de 3,000,000 liv. en dédommagement du duché en queſtion qui n'étoit pas fait pour elle.

Madame Jule étoit relevée de ses couches ; les vi-
sites de la reine avoient été continuelles, les allées
& les venues que cet événement avoit occasionnées
donnerent lieu à bien des discours. Le parisien accou-
tumé à respecter la décence de la majesté, & l'é-
clat qui doit environner ses maîtres, n'a pu voir sans
indignation l'abus que cette favorite faisoit d'un crédit
si vilement acquis, ainsi que la profanation que la
reine faisoit d'elle-même. On n'a pu apprendre sans
murmurer la profusion avec laquelle on a répandu
des graces, avec laquelle on a accablé de dons &
d'argent cette favorite, toute sa famille & jusqu'à
ses alentours, dans un temps où la guerre & le peu
de crédit de l'état rendent l'argent si rare & les moyens
si onéreux au peuple.

L'ascendant de madame Jule sur Antoinette fut tel
dans ce moment qu'à la suite de cette couche quelques
indispositions l'ayant mise dans le cas de craindre de sortir trop tôt, on lui forma de petits appartemens dans
lesquels il n'y avoit d'introduits que ceux & celles
qui étoient destinés à former sa cour : le roi même
n'y étoit admis que quand on avoit besoin de lui.

C'étoit dans ces assemblées que l'on délibéroit sur
les affaires les plus importantes du ministere. La paix,
la guerre, la politique, la finance, le renvoi des
ministres, le point de faveur & de crédit qu'on devoit leur accorder, tout y étoit traité & jugé en dernier ressort ; & l'on ne faisoit entrer le roi pour ra-
tifier les décisions de cette ridicule assemblée que
pour la forme, tant la reine étoit assurée qu'elle ne

demanderoit jamais rien en vain. Quelquefois le roi étonné des propofitions & des décifions du comité femelle, vouloit paffer chez le vieux comte pour y chercher un avis, mais il en étoit auffi-tôt empêché, ou bien s'il s'échappoit quelquefois, Antoinette faifoit dire un mot au mentor, qui, pufillanime comme on fait qu'il eft, gardoit le filence ou ne contredifoit pas. Le bon roi prenoit filence pour un acquiefcement, & content il repaffoit bien vîte au petit appartement, rioit, juroit & donnoit fa parole.

Vaudreuil & Bezenval en hommes (15); madame Jule & madame de Grammont en femmes, préfident ce ridicule confeil dont madame Defmianes eft le rapporteur comme miniftre des affaires étrangeres. Il eft bon de faire ici le portrait des êtres qui dirigent ainfi tous les mouvemens de la France, & qui traitent les affaires majeures de l'état comme ils traitent un chiffon ou bien une garniture de robe.

Un Vaudreuil qui n'a pour lui que le nom de fon pere, & pour fortune que celle qu'il avoit acquife comme commandant de S. Domingue; intrigant qui fe mêle de tout fans intelligence ni fuite; donnant tout au plaifir & rien aux affaires; il a cherché la fortune, elle a fui fon peu de valeur; il avoit abandonné ce plan, pour lors cette déeffe bizarre eft venue le combler de fes faveurs. Il eft à la cour à l'aide d'un certain habitant des cantons helvétiques, le coriphée du maître, de la maîtreffe & de la favorite. Bezenval eft un de ces hommes dont les circonftances déterminent les idées, fans en avoir ja-

mais de fixes , ils prennent celles que l'occafion pré-
fente à leur bonne ou mauvaife fortune ; ambitieux ,
dur , égoïfte , mais fouple & rampant comme un ita-
lien , il a laiffé bien loin l'urbanité de fes concitoyens
pour cultiver les intrigues des cours. C'eft ce Bezenval qui a ofé lutter de mérite & de faveur contre le
comte d'Affry , dont il convoitoit la place ; fi l'effet
dont fon ambition le flattoit n'a pas réuffi dans fon
entier , au moins a-t-il fervi à faire effuyer au ref-
pectable d'Affry , une multitude de mortifications que
lui a données le comte d'Artois , comme colonel des
fuiffes : mortifications d'autant plus fenfibles au vieux
militaire qu'il les méritoit moins , & qu'il ne pouvoit
ni les repouffer ni s'en venger , parce que c'étoit la
reine qui les dirigeoit , & le comte d'Artois qui les
lui faifoit éprouver. On fait combien peu les groffiéretés , les injuftices & les actes de brutalité coûtent à
ce prince. On a vu ce Bezenval être l'homme de tous
les temps , à la cour de Louis XV , un débauché ,
un lâche courtifan ; à celle de Louis XVI , un intrigant , un faifeur de paquets , flattant tous les caprices d'une princeffe fans expérience , déteftant Monfieur & Madame , parce que la reine a pour eux l'a-
verfion la plus décidée ; encenfant le comte d'Artois ;
en méprifant la comteffe fon époufe , toujours par le
même motif ; fe permettant impunément des difcours
infolens fur tout ce qui n'eft pas lui , enfin à tel point
groffier , qu'on ne le nomme plus à la cour que le
fuiffe de la porte du palais des plaifirs de la reine.

On voit encore dans cette fociété l'éternel Adhémar ,

mar, ce perpétuel ambaſſadeur de la cour de Bruxel-
les (16), ambitieux parce qu'on lui a dit qu'il falloit qu'il le fût, voulant être miniſtre à quelque prix
que ce fût, quoique doué pour toutes les affaires
d'une nullité abſolue. Sans facultés comme ſans talens; indigne même de l'inutile ambaſſade des Pays-
Bas, de laquelle ſans doute il eût été depuis long-
temps rappellé, ſans le crédit & les intrigues de la
comteſſe, ſon épouſe. Semblable aüx Noailles auxquels elle eſt alliée; elle n'épargne aucuns moyens
pour aider aux vues de ſon mari; qu'elle connoît
bien, qu'elle apprécie bien, & dont elle ne raffolle
que quand elle eſt loin de lui.

Un comte de Polignac, auſſi ſot que celui que la
feue ducheſſe d'Orléans avoit mis ainſi dans ſa
chanſon d'adieu, qu'elle appelloit ſon teſtament de
mort.

> Polignac, mon très-ſot amant,
> Me voit mourir indécemment ;
> C'eſt une groſſe bête,
>   Eh bien !
> Bon pour le tête-à-tête,
> Vous m'entendez bien.

Un prince d'Hénin, le plus mépriſé & le plus mépriſable des hommes. Un chevalier de Cruſſol, le
tartuffe le plus adroit de ſon ſiecle, qui prêche la
vertu & ne la poſſede que comme le phariſien de
l'évangile, qui, à l'ombre de ſes dehors trompeurs,
laiſſe vendre à la baronne de Groſler les bénéfices &

D

les graces de l'ordre de Malte. Il vit depuis long-temps avec cette baronne, & l'entretient au château des thuileries, dans un des appartemens de la reine, tandis que le mari reste complaisamment dans ses terres. Ce chevalier qui n'est pas, comme l'on voit, le chevalier sans peur & sans reproches, possede au suprême degré tous les moyens que donnent les vices qui naissent de l'hypocrisie; tantôt il fait agir madame de Flamarin auprès du vieux comte, & tantôt le patron de Senlis qu'il fait mouvoir par son cagotisme. Il emploie ainsi tout à-la-fois le sacré & le profane; rien ne lui coûte, tout lui est égal, pour-vu que le succès couronne ses démarches.

A propos du patron de Senlis, l'épouvantail de M. d'Autun, galantin par excellence, mais qui se gêne encore un peu en attendant la mort de l'arche-vêque de Paris, dont il convoite la dépouille sacrée; ce M. de Roquelaure, aussi plaisant que le duc de son nom, & bien aussi gaillard. Je ne puis m'em-pêcher d'inférer ici un couplet de société, fait à table, devant l'auteur, par une femme de la cour. Cet impromptu, sans être bon, amusa beaucoup.

> Il étoit un saint homme
> De Senlis le patron,
> Qui se f...... de Rome ;
> A Duras sans façon
> Manioit les tetons,
> Prenoit le joli c..
> Et lui fit un poupon,
> Qu'il lui paya bien bon.

On assure que cette plaisanterie lui coûta 100,000 l.,

au moyen de laquelle fomme Duras confentit à fe
taire, & fe dire l'infant du nouveau-né. Mais reve-
nons au comité de madame Jule, tenu par la reine,
qui n'y occupe effectivement que la feconde place.
Les Dilon, les Coigny, l'abbé de Vermont (17) y
font admis pour leurs voix. Campan, l'illuftre &
merveilleux Campan, eft actuellement très-important,
quoique fils d'un valet-de-pied de la maifon de Ven-
tadour, dont il a lui-même eu l'honneur de porter
la livrée; chofe qu'il à tant de fois oubliée, malgré
les foins de fon honnête homme de pere, de lui
rappeller cette époque de fa fortune, même en public. Ce Campan, fi digne de la fortune d'une grande
princeffe, eft le fecrétaire perpétuel de ce comité &
du cabinet, même de la garde-robe. Bonneau, de
nouvelle édition, mais plus intelligent que fon mo-
dele, c'eft à lui qu'à la reine doit la nouvelle in-
vention de donner fes ordres & fes rendez-vous en
mufique. Sous le prétexte de faire copier de la mufique, Campan en porte au petit enfant de l'amour,
dont j'ai déjà parlé. Il y en a toujours quelques lignes
de la compofition & de la main d'Antoinette; ces
lignes font en ftyle oriental, connu des deux parties feulement; & comme l'amour a la clef de tout,
il a celle qu'il faut, & il eft entendu. Ce moyen
a paru à M. Campan le chef-d'œuvre de l'imagination dans ce genre. Il s'eft dit auffi que pour un
homme comme lui, il étoit plus décent & moins
dangereux de porter quelques pages de mufique à
copier, qu'un billet doux qui pourroit compromettre

le fecrétaire du cabinet, & le porteur. D'ailleurs il ajoute que lui qui fut toujours gouverné par l'honneur, il fouffre moins d'agir ainfi. C'eft bien-là le cas de dire où diable l'honneur va-t-il fe nicher ? Chez Campan. Eh bien ! c'eft donc M. de Campan, huiffier de l'ordre de Saint-Lazarre, qui porte à copier la mufique, attend la réponfe fur l'efcalier, introduit le copifte, garde la porte, & rajufte le lit.

Quelque fecrets qu'aient été ces meffages, on en a parlé : les plus intrigantes & les plus adroites ont détourné l'inique de la chofe fur madame de Chalitton, qui avoit été attachée à la maifon d'Artois. Cette femme, on en convient, étoit peu faite pour cette place, fi ces places toutefois étoient remplies comme elles devoient l'être. Elle avoit été portée là par le marquis d'Entragues, qui l'avoit connue à Befançon. Ce fin courtifan ne s'étoit jamais montré à découvert fur cette intrigue ; il en avoit laiffé foupçonner le prince de Montbarey fon ami. Ce miniftre, depuis long-temps en but aux tracafferies de la reine & aux méchancetés du comte d'Artois, étoit devenu l'objet de la haine des courtifans des deux partis. On ne fe bornoit pas à critiquer fes opérations miniftérielles ; aucunes n'étoient épargnées, quoiqu'il prît peu fur lui, & que prefque toutes fuffent dirigées par M. de Maurepas. On le déchiroit fur fa conduite domeftique & fur fa vie privée. Il eft vrai que ce miniftre trop peu connu, & qui avoit tout ce qu'il falloit pour bien fervir fon maître & l'état, trop peu habitué aux affaires , les laiſſoit quelquefois languir pour ſe livrer à des plaiſirs indécens. Une fille publique , la boue même des filles de cet état l'avoit ſubjugué , & lui faiſoit faire des choſes inouies. Un nommé Daudet , malheureux couvert de crimes & d'ordures , comblé par le miniſtre de graces de toute nature , & revêtu par lui d'une charge honorable , le compromettoit ſans ceſſe , & encore plus madame de Montbarey , qui en étoit folle. Ce coquin vendoit les graces & les emplois qu'il ſurprenoit à la confiance du prince , & finit par donner ſes audiences chez le miniſtre. Bezenval avoit entouré l'arſenal d'eſpions ; il ſavoit tout , en inſtruiſoit le comité (il avoit ſes raiſons) : on réſolut le renvoi du prince de Monbarey. On n'ignoroit pas qu'il quitteroit au premier déſagrément , quelque aſſuré qu'il fût d'être ſoutenu par M. de Maurepas & M. de Vergennes. On le tourmenta ; il donna ſa démiſſion froidement & avec nobleſſe.

Le triomphe de la cabale fut exceſſif : on s'intrigua pour faire un miniſtre de la guerre. Les uns vouloient le duc du Châtelet , d'autres vouloient M. de Caſtries. Caraman , Jaucourt , Bezenval & Adhémar même portoient leurs vues juſqu'à cette place , tant le fanatiſme d'être quelque choſe aveugloit ces faiſeurs. Après maintes délibérations pour un choix auſſi important , il tomba ſur le plus nul : cela devoit être. L'eſpoir de changer ſouvent & de briller dans le déſordre , étoit celui de la clique : on prit le marquis de Ségur , & on le fit entrer ſur-le-champ au conſeil.

Il eſt aux genoux de la reine , ne fait que pour elle , affecte pour tout le reſte une rigueur qui tient de la dureté (18) ; il dit & écrit aux femmes qui lui demandent des rendez-vous , qu'il eſt trop foible & trop ſuſceptible de tentation pour riſquer avec elles des têtes-à-têtes ; qu'il craint même juſqu'à l'odeur de leurs billets doux. Il brille, comme c'eſt d'uſage, en défaiſant ce que ſon devancier a fait : c'eſt de mal en pire comme tout en France ; c'eſt devenu un péché d'habitude dont on ne ſe corrigera pas ſitôt.

Des courſes, des ſpectacles, des petits voyages de Trianon, des entretiens ſecrets ménagés par Campan, il en eſt réſulté une groſſeſſe: la reine eſt groſſe une ſeconde fois. Cet événement s'eſt manifeſté on ne peut pas plus ſinguliérement , & l'on ne s'en doutoit pas. La reine, comme on le ſait , déteſte cordialement M. de Maurepas , & ne ſupporte pas davantage la vieille comteſſe ſa femme , l'abbé de Verry , madame Seguin & toute cette ſequelle : ce couple antique agiſſoit en conſéquence , & ſe tenoit en garde contre les intrigues de cette étourdie. Ce fut au moment où l'on croyoit les cartes plus brouillées que jamais, que la reine ſe fit annoncer chez le comte. Bonjour, papa, lui dit-elle; vous êtes bien étonné de me voir à cette heure, vous ne m'attendiez pas. Madame de Maurepas ſe preſſoit de ſortir de l'appartement par reſpect, & pour ne pas gêner l'entrevue que ſa majeſté ſembloit venir chercher avec ſon époux. La reine s'étant apperçue de ce mouvement, la retient. Non , comteſſe, lui dit-elle, vous ne ſortirez pas, vous m'étes tous les deux néceffaires, ce que je veux confier au papa eft même plus de votre partie que de la fienne. Je compte fur votre amitié, comptez fur la mienne, oublions le paffé, & que la plus étroite union guide à l'avenir nos démarches réciproques. Je connois votre attachement pour nous ; on m'avoit donné des impreffions contre vous, on m'affuroit que vous en aviez contre moi ; voilà l'origine de l'humeur que je vous ai montrée quelquefois, le cœur n'y étoit pour rien, mes procédés vous le prouveront. Après ce court exorde, elle faute au col du comte, en s'écriant : Je fuis groffe, mon cher comte, oui groffe ; ce qui doit vous étonner, c'eft que je tremble de favoir fi cet état fera agréable au roi, ou fi, vu les circonftances, il ne fera pas dans la plus grande colere fur cet événement. Cette pigrieche de Madame, avec fon fade Monfieur, font ceux dont je redoute le plus les propos ; ils feront auffi bavarder cette hébêtée de comteffe d'artois ; que ne dira-t-on pas ! car, tenez, comte & comteffe, il y a beaucoup à dire à cet égard, mais cela eft fait, j'ai cru bien faire, & fi je puis compter fur vous deux, je fuis tranquille.

A cet endroit, notre adroite Antoinette fe laiffe tomber fur une chaife longue, & femble s'évanouir de douleur & d'inquiétude Le vieux mentor accourt à elle, la comteffe fe jette à fes pieds, ils lui jurent l'un & l'autre le plus entier dévouement : que votre majefté ordonne, nous fommes prêts d'obéir ; mon mari, dit la comteffe, eft votre miniftre, je fuis fa femme, nous fommes abfolument à vous ; encore.

une fois , ordonnez , tranquillifez-vous , reprenez vos fens & tout ira bien , nous vous le jurons.

La reine reprenant fes fens , continua ainfi. Ce rufé Bezenval m'a perdue par fes confeils ; il m'a excitée contre vous , en m'affurant que votre crédit étoufferoit le mien ; que je ne pourrois ni gouverner mon époux , ni me ramener mon peuple indigné de mes légéretés , qu'en donnant un prince à l'état ; je ne l'ai pas cru dans le premier moment , mais il m'a fait renouveller les mêmes principes par Vaudreuil & par Coigny ; mes gens ont entendu ces difcours : Campan & Bazin font venus pleurer auprès de moi : Adémar m'a trompée auffi ; il m'affuroit , & me faifoit affurer par fa femme , que c'étoit le feul moyen qui me reftoit pour n'être pas perdue fans reffource. Ma Jule m'a fait fentir que mon augufte époux commençoit , ainfi que tous fes fujets , à fe dégoûter de moi , & qu'il falloit frapper ce grand coup. Enfin , mes chers amis , je vous le confeffe , j'ai eu Dilon , Coigny , Bezenval , Vaudreuil , Campan , Bazin , un petit commis de la guerre , l'abbé de Vermont , & prefque tout ce qui m'approche , le réfultat , c'eft que je fuis groffe ; il faut que par votre fecours le roi le trouve bon.

N'en doutez pas , repliqua la comteffe , n'en doutez pas , il le trouvera bon , il en fera même charmé ; c'eft fa gloire , fon honneur & le bien de l'état ; allons , monfieur le comte , voyez fa majefté , & parlez-lui avec cet afcendant que vous avez fur lui , & celui que vous donne une telle circonftan-

ce ; mettez-y de la dignité , & fur-tout point de plaifanteries, oubliez pour un moment l'habitude où vous
êtes d'en faire fur tout , & ne perdez pas de vue
que c tte affaire-ci n'en eft pas fufceptible. La reine
faifit cet inftant de chaleur , prend la comteffe par
la main , la mene à fon fouper avec fon mari , la
comble d'honnêtetés & de préférences , au point que
la pauvre comteffe , qui ne s'attendoit nullement à
cet excès d'honneur , éprouva une telle révolution ,
qu'elle penfa faire fous elle , & eut la plus grande peine
à refter jufqu'à la fin de cette fête que la reine lui
donna. Qui fut bien étonné ? ce furent les courtifans témoins de ce raccommodement , dont ils igno-
roient la caufe ; fur-tout ceux à qui il fut ordonné
par la reine , de faire le Macao de la comteffe ; on fait
que c'eft fon jeu favori, la reine le taille elle-même.

Quand la cour fe fut féparée , le comte refta feul
avec le roi, auquel il parla de la groffeffe de la reine ; fans doute il n'eut pas de peine à le perfua-
der de fa paternité , car on entendit le roi répondre : *Je m'y attendois bien , car j'ai refté dans fon
lit plus de deux heures*. Depuis ce temps, le roi fe
montre fort radieu. La reine a repris fon empire ;
elle appelle le comte de Maurepas, fon cher miniftre ,
& en conféquence , elle a beaucoup fêté le comte
d'Agénois. Monfieur & Madame paroiffent être les
feuls qui enragent de cet événement , parce que , dit-
on, ils font affurés par leurs efpions, de fon origine. Tranquille fur fon époux , notre Antoinette re-
commence fon train ordinaire ; mêmes folies , même

inconféquence, même inconduite. Elle profite de foa état & du moment où tout fe fait impunément : elle maîtrife les miniftres ; le feul Vergennes lui réfifte à force de vertus. Elle n'a cependant pu empêcher la chûte de Necker (19), qui, à force de fottifes, de vanité & de fauffes démarches, a été renvoyé & remplacé par le vieux Fleury, confeiller d'état, auffi incapable au moins d'être à la tête de ce département, que fon prédéceffeur, & c'eft beaucoup dire. Le Caftries, déconcerté de la chûte de Necker (20), perd le foutien & l'ouvrier de fa befogne à laquelle il n'entend rien du tout. Le Ségur creve d'orgueil, de morgue & de bêtife. Le Fleury, tout choifi qu'il eft, veut chaffer le Miroménil ; celui-ci a pris de quoi partir. Amelot eft toujours un animal qui ne fait rien que par fon plat Robinet. A bien prendre, la cour de France eft à préfent une pétaudiere : cette belle pureté de mœurs que l'on avoit voulu afficher dans les commencemens du regne, eft f.... Richelieu prime de nouveau, & dit qu'avant de mourir, il veut donner une maîtreffe en titre au roi, un amant avoué à la reine, un bordel au comte d'Artois, un étalon à Madame, & une putain à Monfieur, afin de mourir comme il a vécu. La reine raffolle de ce vieux paillard ; elle applaudit à fes pirouettes, & aux hiftoires fcandaleufes qu'il raconte.

La groffeffe de la reine avance ; elle eft monftrueufe, elle a une gorge énorme qu'elle affecte de montrer indécemment. Ce qu'il y a de fingulier, c'eft que cette groffeffe n'eft point encore déclarée dans les formes , ainſi que cela ſe pratique après les quatre mois & demi ; il ſemble que l'on craigne de donner de la publicité à ce grand événement , qu'une ſi petite cauſe a produit. Même colere entre la reine & Madame ; madame de Lamballe eſt toujours au froid , la Jule au chaud , la Simiane & Laborde toujours en exercice. L'indiſcrétion d'une de ces actrices des plaiſirs de notre Antoinette , a mis au jour une incommodité qui fait beaucoup craindre pour le prochain accouchement , c'eſt une deſcente ou relâchement de matrice , occaſionné , ſans doute , ou par excès de débauche , ou par la mal-adreſſe de l'illuſtre accoucheur Vermont. L'abbé de Vermont eſt toujours dans la plus grande faveur. Le petit fablier Nivernois a fait un conte ſur la groſſeſſe ; ce petit intrigant eſt toujours auſſi faux & auſſi menteur que ſon confrere le maréchal Duras (21) , autrement dit , le maréchal des menus , protecteur né de toutes les coquines des ſpectacles , vilain , plat , lâche comme ſon pere , & n'ayant nulle eſpece de conſidération. Ces illuſtres forment la ſociété de la reine , auxquels il faut joindre le coëffeur , les joueurs , les banquiers Chalabre & Poinçot ; parmi les femmes , la petite Iners , la petite Campan , quelques muſiciens & chanteurs. N'êtes-vous pas étonné de la dignité que conſerve ſur le trône de France , la fille de la fameuſe Marie-Théreſe , & la ſœur du fameux empereur Joſeph II , qui court tant après la célébrité , ſans qu'il puiſſe jamais ſe flatter de l'atteindre !

La ſuite de la vie de notre illuſtre Marie-Antoinette nous fournira fans doute une ample matiere pour d'autres volumes d'anecdotes. Il y a tout à pré-fumer qu'elles feront de plus en plus intéreffantes ; ainfi nous prions les lecteurs de prendre patience : nous aurons foin de recueillir des faits , & de les rendre (comme font ceux-ci) , avec la plus grande vérité. Il eft des traits que tout l'art poffible ne fauroit embellir. Faffe le ciel cependant que ces vé-rités , fi elles font préfentées à cette princeffe , puif-fent la corriger , & la faire briller d'autant de ver-tus qu'elle l'a fait par fes étourderies ? c'eft le vœu de tout bon François.

N O T E S.

(1) Ces deux femmes ne supportent point le parallele. L'une avoit les foiblesses & la bonhommie d'une fille ; l'autre a les ardeurs de Messaline & la cruauté de Frédégonde. La premiere aimoit l'argent pour le dépenser , & en faisoit l'instrument de sa parure; la seconde l'aime pour thésauriser , & en fait le ressort de sa vengeance. Celle-là se prêtoit avec peine aux intrigues qu'on lui disoit nécessaires au soutien de de sa faveur ; celle-ci vole au-devant de l'intrigue , & en fait l'ame de sa turbulente existence. Enfin , l'une a presque honoré un état qui ne peut pas l'être , & l'autre en a prostitué un qu'on ne croyoit pas même pouvoir être avili.

(2) Comment peut-on comparer l'homme le plus léger à Richelieu , & l'homme le plus étourdi à Mazarin ? Choiseul est inexcusable d'avoir formé les nœuds impolitiques , puisqu'il ne vouloit pas immoler son pays à l'Autriche. Il est inexcusable , puisque le caractere d'Antoinette étoit connu avant d'être tout-à-fait développé; puisqu'il ne pouvoit ignorer que Marie-Thérese avoit dit : » *Je suis quitte avec la France, elle* » *aura ma fille pour Reine.* « Il a déposé dans le sein d'un de ses amis, qu'il avoit trop compté sur la séduction des François. Il imagina qu'Antoinette voudroit être adorée , & que la multiplicité des plaisirs étoufferoit les malheureux germes d'un caractere funeste , non-seulement au pays qu'elle habiteroit , mais au siecle qui la verroit exister.

(3) Il faudroit bien mal connoître les femmes altieres de la cour, pour ignorer l'empire que l'or a sur elles. Nos usages sociaux sont tels que les dames françoises sont toujours fans un *écu*. Leurs befoins font infatiables , & leurs moyens prefque nuls. La comteffe de *Bearn* , qui fit cette ridicule préfentation , n'avoit pas de jupes : la maréchale de Mirepoix , dame d'honneur des catins de nos rois , devoit autant de facs qu'elle avoit de cheveux blancs : madame de Valentinois avoit cent fois envié le fort de mademoifelle *Langes* ; c'eft à elle que le duc de Choifeuil difoit , après l'avoir eue , au bout d'une demi-heure : Caufons maintenant. » A quoi dois-je vos » faveurs ? Ce n'eft pas à ma figure, je fuis fort laid ; ce n'eft » pas à mes fentiments , je ne vous ai jamais dit que je vous » aimois ; ce n'eft pas à votre amitié , vous avez dit ce ma- » tin des horreurs de moi au prince de Beauveau. Quand on » méprife les gens , faudroit-il au moins qu'ils fuffent pour- » quoi «.

(4) Pour avoir outré les plaifirs , & dépenfé une partie de fa jeuneffe dans les folies de la volupté , on ne mérite pas des reproches auffi amers. Ce prince, patriote & bon mari, bon pere , bon ami ; il eft généreux, populaire, bienfaifant ; y a-t-il des défauts que tant de qualités ne compenfe ? On au- roit defiré quelquefois plus de févérité dans le choix de fes amis. Quand il les fit , il étoit jeune. Il a mieux aimé les conferver imparfaits, que de les abandonner à l'époque où il les a connus. Il y a quelque chofe d'eftimable dans ce procédé : d'ailleurs il y a fi peu d'hommes en droit de faire des reproches aux au- tres ! il n'y a guere que contre les caractteres vicieux qu'il faut s'armer fans indulgence.

(5) Ce portrait n'eft pas reffemblant : elle eft tracaffière , mais non intrigante. Quand on ne met en jeu que de petits moyens, quand on expofe fon fecret deux fois par jour, quand on a des femmes pour amans, on n'eft point intrigante. L'intrigue demande un efprit plus nerveux, & des vices mieux conditionnés. Le trait principal du caractere dominant de Madame, eft le defir impérieux de jouir. Elle aime le vin , les hommes, les femmes, les jardins, les meubles, l'argent , & obéit à ces goûts divers, coûte qui coûte. Que le roi jure , que fon mari boude , que le miniftre refufe, qu'il y ait une

révolution, que les états-généraux apportent la réforme, elle s'en f.... Elle veut jouir, elle jouira.

(6) Cela est trop fort, il falloit dire sans nerf, sans principes fixes, mais bonne, généreuse. Ce qu'elle aime par-dessus tout, c'est le plaisir. Dès que sa tête est montée, tout est dit, il faut qu'elle réussisse. Des princesses qui n'ont rien à faire que d'écouter l'histoire scandaleuse de Paris, de Versailles, de la cour, dont l'imagination toujours tendue vers un objet, est sans cesse rafraîchie par le récit voluptueux de leurs femmes, qui, sachant qu'on plaît par-là, s'étudient à bien peindre. Une d'entr'elles racontoit l'aventure de mademoiselle Contat, avec M. P**, & s'embarrassoit. Il est difficile, dit-il, de toujours gazer. *Ne gazez plus*, dit la princesse, *les mots pour moi équivalent à la chose.*

(7) *Ces trois jeunes femmes, comme on le voit, n'étoient occupées que du cailletage.* Cela est surprenant. La passion des princes est de savoir tout ce qui se passe, même dans les états les plus subalternes. C'est delà dont ils tirent leurs amis, leurs espions, leurs confidens. Ils s'imaginent que descendre aussi bas, est donner la plus grande marque de faveur, ou ils pensent qu'ils sont les moins dispendieux à acheter; ou enfin, comme il s'y trouve moins d'élévation dans les sentimens, par-là même ils sont plus rapprochés. Cela est presque incroyable, sans être moins vrai; mais les fourberies, les bassesses, les mensonges, les ressources honteuses, l'avarice, sont infiniment plus communs dans la classe des princes, que dans aucune autre société.

(8) Il est par-dessus tout, égoïste & jaloux des genres de célébrité qui ne donnent aucune peine à acquérir. Sa manie est de passer pour bel-esprit; delà du soin dans ses billets, un air de protéger les talens, une espece de sarcasme, quoique grossier. Au lieu de courir après l'esprit qu'il est inutile d'attraper, & qu'on ne singe point quand la nature a oublié de le donner, il faudroit prendre du caractere bien autrement essentiel, qu'on peut acquérir en ne voyant que des hommes

qui en ont ; mais alors il ne faut pas admettre à son intimité un *Moderne*, un *la Châtre*, un *de Nesle*, & autres vils flatteurs. Monsieur va par les sentiers d'une politique au dessous de son rang, & qui ne le menera jamais qu'à faire faire des réflexions désagréables sur son personnel.

(9) D'accord, mais le moins estimable. Ce prince fugitif a developpé un caractere atroce. Il a conçu les projets les plus infernaux contre un peuple humain & généreux : il a converti l'aristocratie en tyrannie, & il ne lui a manqué que le talent de faire triompher le despotisme. Lorsque Necker alloit au conseil, il l'aborda, & lui montrant le poing ; » Où vas-» tu, traître d'étranger ? Est-ce ta place au conseil, f…. » bourgeois ? Retourne-t-en dans ta ville, ou tu ne périras » que de ma main. « Le ministre recule d'un pas en arriere, se tient droit, ne répond pas une syllabe, & entre dans la chambre du conseil. Ce sang-froid vaut mieux qu'un discours. Le comte d'Artois n'a ni culture, ni principes, ni patriotisme, ni sens, ni intelligence, ni fermeté : il ne sera jamais à craindre, mais il fera beaucoup de maux momentanés. La patrie l'a proscrit.

(10) *Voyez la note 4 de la page 10.*

(11) Un curé de campagne, épais, avare, entêté & vain comme un prince de la maison d'Autriche, excepté le chef : il n'estime pas sa sœur, il déteste son frere, & n'aime guere que l'argent, dont il raffolle à un point qu'il faut avouer que c'est son meilleur ami. Quand on convient d'un *meilleur ami* pareil, il est bien près de devenir l'unique. Ce prince n'étoit pas fait pour réussir à Paris : outre que, comme sa famille, il déteste les françois, c'est qu'il est emprunté & singuliérement gauche. Le destin des princes, en général, est d'être mal élevés. Celui-ci a plus à se plaindre encore de la négligence des siens.

(12) Bon enfant, tantôt aux hommes, tantôt aux femmes, mais toujours à celui ou à celle qui le payoit le mieux. Il au-

roit

foit dû élever l'édifice d'une grande fortune ; mais un efprit médiocre, une ame énervée comme fon corps, des inclinations mal placées, la dépendance que donnent les fervices mendiés & obtenus, un goût qui avilit, quand ceux qui fe le permettent n'ont pas la tête des *Socrates*, ou l'efprit d'*Alcibiade* ; trop de chofes confpiroient à ruiner des plans qui ne repofoient que fur un joli vifage. *Antinoüs* avoit de plus larges épaules, & tous les talens que procure une éducation foignée. Antoinette n'étoit pas exigeante, il fuffifoit d'appaifer fon imagination brûlante, elle difpenfoit d'efprit, de talens, de mœurs, de fincérité ; ah ! la charmante maîtreffe !

(13) Il a fallu que la fortune violât cette femme. Née pareffeufe, infouciante, elle n'eût jamais afpiré à fubjuguer les reines, fi elles ne fuffent venues la chercher. C'eft une de ces femmes qui préferent la paix à la vertu, & accordent pour fe débarraffer du tourment de réfifter. Elevée dans le tourbillon affaillie des folliciteurs, accablée des dons des rois, & de l'encens de la faveur, elle fe plaignit plus d'une fois dans le fein de l'amitié, de l'embarras de fes deftinées. Vaudreuil lui plut, parce qu'au lieu de fe laiffer aimer, il lui perfuada qu'il aimoit. Il n'avoit point cette fupériorité qui humilie, ni cette médiocrité qui alarme. L'ufage du monde, & un fens affez droit, fuppléoient à ce qui lui manquoit pour être un homme marquant. D'ailleurs Chamfort, fans lui donner de l'efprit, lui traçoit cependant une route affez fûre.

(14) Des gazes ! Oui, c'étoit le prétexte, mais Guimard avoit un plus fublime emploi. De toutes les prêtreffes de *Vénus* arrivées à une certaine célébrité, il n'en eft point qui ait mieux connu le culte que cette fille. Depuis trente ans elle le pratiquoit avec tant de gens, avec tant d'affiduité, qu'elle fait ce que beaucoup de gens ignorent. On lui faifoit conter fes inépuifables aventures, & dire ce que chacune lui avoit appris de nouveau dans l'amoureux combat. Le nombre de ces précepteurs la mettoient à même d'en être un elle-même, fupérieur à tout ce qui a exifté. L'écoliere alloit enfuite répéter fes leçons avec cette quantité d'amans plus nombreux,

E

& fur-tout moins imbécilles que ceux de Pénélope. D'ailleurs, on étoit bien sûr qu'Uliſſe ne reviendroit pas.

(15) Le baron de Bezenval, ſuiſſe de nation, a eu tous les ſuccés dûs au courtiſan le plus adroit. Créature de *Choiſeuil*, mentor de *Ségur*, amant des femmes en crédit, amant des jeunes gens en faveur, également propice aux deux cultes. Un ſybarite aimable, faiſant grande chere, amateur de tableaux de deſſins voluptueux, & d'eſtampes libertines; né avec peu d'eſprit, mais devenu un homme plus qu'ordinaire, à force d'avoir vu & écouté; une belle figure lui ſervit d'introducteur à la cour; une grande fortune le mit à même de briller, une gaîté piquante lui fournit de quoi ſe ſoutenir. Il avoit bien autant de vices qu'un autre, mais il ſut mieux les cacher. Des dehors ſéduiſans firent illuſion : d'ailleurs, la bonhomie jointe aux ſuccès, a un charme irréſiſtible.

Le baron de Beſenval, ſans être modeſte, ne fut point inſolent. Sa maniere de courtiſer reſſembloit à des ſoins.

(16) Il ne l'a pas été aſſez long-temps. Montfalcon à Londres ! un chanteur, un hiſtrion pour traiter avec *Pitt* ou *Fox* ! On avoit trouvé bien ridicule le choix du comte de *Guines*; s'il étoit ignorant, du moins ſavoit-il ſe vanter. Mais Adémar, ſurpris lui-même de ſa fortune, a toujours eu cette timidité qui naît de la conſcience de ſon impuiſſance. Adémar uſé, d'un eſprit, médiocre, d'une figure blême & commune, a cependant obtenu les faveurs royales. Quelqu'un, (car il faut faire à chacun honneur de leur réflexion) a remarqué qu'Antoinette a choiſi preſque toujours des amans ſecs, effilés, déguingandés. Cela s'accorde mal avec ce reſſort impérieux, que l'on nomme tempérament, dont la plupart des femmes ſe défendent, tandis que c'eſt la meilleure excuſe de leurs folies.

(17) Vil & plat coquin, ſource de tous les maux ; objet digne de l'indignation publique, & que le peuple voudroit voir à côté de *Launay* & de *Fleſſelles*. Ce conſeiller perfide, qui a tans de points de reſſemblance avec *Narciſſe*, eſt l'auteur d'une foule de maux dont les hiſtoriens timides conſervent la

lifte effrayante. Le moment de vengeance reviendra , & des événemens mettront à même de demander compte à ce prêtre impudent de fon miniftere fecret. On a beau dire que la princeffe
n'avoit nullement befoin d'être incitée, mauvaife excufe. S'il n'a pas
eu la gloire coupable de confeiller le mal , au moins l'a-t-il
eue d'en faciliter l'accompliffement. Tantôt efpion , tantôt agent ,
il a étouffé les remords naiffans , ou prévenu fes repentirs fa-
lutaires.

(18) Le maréchal de Ségur , fi étonné de fon avancement ,
étoit un brave militaire , un mari complaifant , un bon citoyen
& affez loyal pour punir celui qui donna au roi le confeil de
le faire miniftre. Il avoit atteint fa quarante-cinquieme année ,
qu'on ne l'écoutoit feulement pas dans les difcuffions les plus
ordinaires. Jugez de fa furprife , lorfque la cabale l'appelle au miniftere. Ne pouvant avoir de vues , décider d'un projet , juger
du mérite , il s'occupa non pas de faire fa place , mais de la
garder. Il ne nomma pas aux emplois , il devint l'écho de la
reine , & pour mafquer une baffe complaifance , il crut en im-
pofer par une févérité affectée qui n'étoit pas dans fon cœur ,
& qui aux yeux des connoiffeurs , le rendoit plus ridicule qu'haïf-
fable.

(19) Ce n'eft pas affurément le moment de le dire , mais
deux ans ne fe pafferont pas que ce ne foit une vérité géné-
ralement reconnue. Malgré tout le bien que M. Necker a dit
de lui-même , malgré tout celui qu'il a fait dire par fes créa-
tures enthoufiaftes ou foldées , il eft pourtant vrai que Necker
eft fans efprit ; & ce F.... Mirabeau , qui frappe toujours fi
jufte , a eu raifon de dire , dans fon livre fur l'*agiotage* , qu'il
falloit faire cas de Necker , comme d'un littérateur , & non
comme homme d'état : or , pour être littérateur , il ne faut
pas un grand génie. Tous les livres de M. Necker ne contien-
nent pas fix idées. Auffi , lorfqu'on a voulu faire *fon Efprit*
on a été furpris , de ne trouver que des lieux communs , des
platitudes revêtues d'un peu d'emphafe.

(20) Je le crois fans peine. Une chûte moins bruyante auroit produit le même effet. Toujours effrayé , toujours embarraffé , toujours au-deffous de fa befogne , ce bon-homme imagina qu'en époufant le parti d'un miniftre préconifé , on époufoit auffi fa réputation. Jamais il n'aima M. Necker , moins encore la bourgeoife *Curchaud ;* mais il fe fit leur prôneur , parce qu'il fe flatta que les rayons du miniftre réfléchiroient fur lui. Qu'on eft à plaindre, lorfqu'on n'eft rien par foimême ! Dans quel état il a laiffé la marine ! Ce n'eft pas qu'il écrivît cinq ou fix heures par jour , mais il ne penfoit pas cinq ou fix minutes dans un mois. Sans la révolution , le *Caftries* auroit été premier miniftre. Il avoit pour cette place deux grands avantages, la foupleffe & la médiocrité.

(21) C'eft le péché mignon des gens de la cour. Ils ne peuvent pas dire un mot de vrai. Le pauvre maréchal , cité je ne fais pourquoi , n'eft pas plus menteur que dix autres. Voilà une belle peccadille à reprocher à un homme de cour ; c'eft comme fi l'on reprochoit à *Beaumarchais* d'être un peu cauftique , à *Linguet* d'être un peu paradoxal , à *Bergaffe* d'être un peu faux , à *Daudet* d'être indélicat. Les courtifans fe vantent de favoir mentir ; ils appellent cela *déjouer* leurs rivaux, être déliés & propres aux affaires. Quant à celui qui fert de pendant au maréchal *Duras* , je ne favois pas qu'il fût menteur, qu'il fût perfécuteur , qu'il fût tout ce qu'on lui reproche depuis deux ans ; mais je le crois , parce qu'il eft hypocrite , & que ce mot eft le fynonime de tous les vices.

F I N.